AF233321

NOTIONS PRATIQUES

CONCERNANT

L'ADMINISTRATION

DES

PARQUETS DE PREMIÈRE INSTANCE

PAR

P.-A. LEBON

DOCTEUR EN DROIT

PROCUREUR IMPÉRIAL

« L'administration bien pratiquée est le meilleur moyen de faire aimer la justice. »

(M. LEVÉ DU MONTAT, procureur général à Bourges, *discours d'installation*, 30 mars 1868).

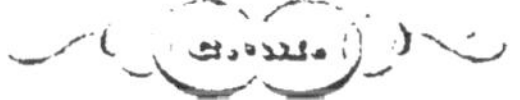

PARIS

Imprimerie et Librairie générale de Jurisprudence

COSSE, MARCHAL ET Cie, IMPRIMEURS-ÉDITEURS

LIBRAIRES DE LA COUR DE CASSATION

27, Place Dauphine, 27

1869

NOTIONS PRATIQUES

CONCERNANT

L'ADMINISTRATION

DES

PARQUETS DE PREMIÈRE INSTANCE

DÉPÔT LÉGAL

38395

IMPRIMERIE ET LITHOGRAPHIE DE DESTENAY

70, rue Lafayette, 70

A SAINT-AMAND-MONT-ROND (CHER)

NOTIONS PRATIQUES

CONCERNANT

L'ADMINISTRATION

DES

PARQUETS DE PREMIÈRE INSTANCE

PAR

P. A. LEBON

DOCTEUR EN DROIT

PROCUREUR IMPÉRIAL

« L'administration bien pratiquée est le meilleur moyen de faire aimer la justice. »

(M. LEVÉ DU MONTAT, procureur général à Bourges, *discours d'installation*, 30 mars 1868).

PARIS

Imprimerie et Librairie générale de Jurisprudence

COSSE, MARCHAL ET Cᵉ, IMPRIMEURS-ÉDITEURS

LIBRAIRES DE LA COUR DE CASSATION

27, Place Dauphine, 27

1869

BIBLIOTHÈQUE IMPÉRIALE — IMPR.

Ce n'est pas pour les anciens magistrats du Parquet, mais pour ceux qui débutent, que ces notes ont été publiées. Recueillies pour le *Journal du Ministère public*, dans lequel elles ont fait l'objet de divers articles de CORRESPONDANCE, je les ai revues soigneusement avant de les réunir en volume.

Je n'ai pas voulu écrire un traité complet des fonctions du Ministère public. Je n'offre à mes jeunes collègues que des renseignements pratiques pour les aider à surmonter, dès leur entrée en fonctions, ces difficultés de travail de bureau et de rédaction qui, dans toutes les carrières, sont fort embarrassantes pour un débutant. Un docteur en droit, voulant apprendre la procédure dans une étude d'avoué, serait obligé de recourir au savoir du petit clerc pour rédiger un avenir ou une constitution !

Je ne me suis, en conséquence, occupé que des matières les plus usuelles, *de eo quod plerumque fit*. Cela m'a paru suffire. Quand on s'adresse à des magistrats, il n'est pas nécessaire de tout prévoir. On peut leur dire d'un traité qui leur est consacré ce que le Digeste dit des lois, et leur donner le même conseil que le jurisconsulte romain donne au juge chargé de prononcer une sentence dans une hypothèse non prévue :

Neque leges, neque senatusconsulta ita scribi possunt, ut omnes casus, qui quandoque inciderint, comprehendantur : sed sufficit ea, quæ plerumque accidunt, contineri. (Liv. II, tit. III, l. 10.)

Non possunt omnes articuli singillatim aut legibus, aut senatus consultis comprehendi : sed cum in aliqua causa sententia eorum manifesta est, is, qui jurisdictioni præest, ad similia procedere, atque ita jus dicere debet. (l. 12.)

INTRODUCTION

DE L'ORGANISATION DU MINISTÈRE PUBLIC

DE 1789 A 1810

I

La Révolution brisa l'ancienne organisation judiciaire.

« La justice, distribuée dans quelques provinces par les seigneurs, dans les juridictions royales par des magistrats acheteurs de leur charge, était lente, souvent partiale, toujours ruineuse, et surtout atroce dans les poursuites criminelles (1). » Une réforme prompte et radicale était nécessaire. Malheureusement, les premiers essais se ressentirent des passions de l'époque. L'argent (2) avait jusque-là donné à quelques privilégiés le droit de juger leurs concitoyens; on se jeta dans un système d'égalité exagérée, et le choix des magistrats fut

(1) Thiers, *Histoire de la Révolution*, ch. Iᵉʳ.
(2) L'argent seul, au palais, peut faire un magistrat.
(BOILEAU, épît. V, v. 8.)

abandonné à l'élection, c'est-à-dire au caprice de la faveur populaire. La nation marchait alors vers la république, et on ne pouvait comprendre que, sous cette forme de gouvernement, tous les fonctionnaires ne relevassent pas directement du peuple; grave erreur, surtout lorsqu'il s'agit de l'ordre judiciaire qui doit être plus que tout autre indépendant du public, son justiciable.

Les justices seigneuriales furent les premières atteintes. On avait arrêté leur abolition dans la nuit du 4 août 1789; des lettres patentes du 3 novembre la ratifièrent.

« Toutes les justices seigneuriales, dit l'article 4 du décret des 4 août – 3 novembre 1789, sont supprimées sans aucune indemnité, et néanmoins les officiers de ces justices continueront leurs fonctions jusqu'à ce qu'il ait été pourvu, par l'Assemblée nationale, à l'établissement du nouvel ordre judiciaire (1). »

Les Parlements qui, pendant toute la durée du siècle, avaient attaqué les penchants ultramontains du clergé, et signalé les abus de pouvoir de la Cour et ses désordres (2), mécontentaient alors la nation par leur opposition aux idées nouvelles,

(1) Ce décret abolit, outre les justices seigneuriales, les dîmes, la vénalité des offices, les priviléges et les annates.

(2) Les Parlements contredisaient quelquefois les rois et ne les arrêtaient pas... Les rois se délivraient de leur opposition par des lits de justice ou par la Bastille. (Thiers, *Histoire du Consulat et de l'Empire*, t. 18, p. 162, 163.)

soit en se refusant à l'égale répartition de l'impôt,
soit en déplorant la ruine de l'ancienne monar-
chie. Déjà menacés par Louis XVI qu'ils avaient
irrité par leurs *écarts* et leur résistance intempes-
tive aux sages réformes qu'il proposait, ils devaient
disparaître sous la Constituante qu'ils attaquaient
sourdement.

Dans le dessein formé de les dissoudre, l'Assemblée, qui ne voulait pas soutenir contre eux
une lutte sans profit, ni pour elle, ni pour la magistrature, avait prorogé leurs vacances. Des Chambres de vacations rendaient la justice. Elles n'é-
taient pas à redouter, et l'Assemblée put, sans
opposition, procéder aux réformes devenues nécessaires. Après avoir discuté et adopté les bases
d'une nouvelle organisation judiciaire, la Constituante vota le décret des 16-24 août 1790,
qui instituait les Tribunaux de districts, « *Tribunaux chétifs de première instance, se relayant les
uns les autres pour les causes d'appel* (1). » Ils
devaient être composés de cinq juges élus pour six
ans par les justiciables, et d'un officier nommé par
le roi et inamovible, chargé des fonctions du
ministère public. « Cet officier portera, disait le
décret, le titre de COMMISSAIRE DU ROI. » Le législateur, sans doute pour mieux marquer son intention
de rompre avec le passé, répudiait ainsi, lors

____

(1) Fournel, *Histoire des Avocats.*

mémo qu'il pouvait les conserver, jusqu'aux mots
des anciennes institutions.

Par suite de la nouvelle organisation des tribunaux, tous ceux alors existant sous les titres
d'officialités, vigueries, châtellenies, prévôtés,
vicomtés, sénéchaussées, bailliages, châtelets, pré-
sidiaux, parlements, durent être supprimés, et les
officiers des parlements, tenant les chambres de
vacations, cesser leurs fonctions dans les départements le 30 séptembre, et à Paris le 15 octobre
1790. A ces dates, les officiers municipaux des
lieux où étaient établis les parlements, se rendirent
en corps au Palais. Le greffier en chef s'y trouvait.
Les portes des salles, greffes, archives et autres
dépôts de papiers ou minutes furent fermées, les
scellés y furent apposés en présence de tous par le
secrétaire greffier (1); et le corps municipal se retira,

(1) Nous avons trouvé, dans les archives du greffe de la justice de paix du
canton de Lignières (Cher), un procès-verbal constatant l'apposition des
scellés faite sur les minutes d'une ancienne justice seigneuriale, et la
remise de ces minutes au greffier du tribunal du district de Châteaumeillant.
Nous croyons intéressant, au point de vue historique, de transcrire ici ce
procès-verbal :

« Aujourd'huy, trente janvier 1790, nous, maire et échevins de la paroisse
de Touthay, accompagnés du substitut du procureur de la commune, à cause
de l'absence du procureur, nous nous sommes transportés en la maison de
M. Mille, greffier de la justice de Lisle, en vertu de l'avis de messieurs du
directoire de Châteaumeillant, à nous adressé par messieurs les maire et
officiers municipaux de la ville de Lignières, à cet effet de sommer ledit sieur
Mille de nous dire où sont les titres et minutes appartenant au greffe de
ladite justice de Lisle. Il nous a produit dans le moment une liasse de papiers
ou minutes. Nous avons à l'instant apozé deux cachets sur ladite liasse de

après avoir, pour la sûreté du dépôt, requis du commandant de la place, le détachement nécessaire à la garde des portes extérieures.

Ainsi disparurent les Cours souveraines d'autre-

papiers que nous avons croisés avec deux bandes de papier avec un cachet portant un arbrisseau dont il sort trois fleurons et une guirlande qui le traverse en flottant ;

« Qui est tout ce que ledit sieur Mille nous a dit être et appartenir à ladite justice, dont et tout ce que dessus nous avons dressé le présent procès-verbal, fait les jour et an que dessus.

(Signatures des maire et échevins de la municipalité.)

« Aujourd'huy, lundy six juin 1791, est comparu par devant nous, maire et officiers municipaux de la paroisse de Touchay, le procureur de la commune qui nous a dit qu'ayant, par notre procès-verbal du trente janvier dernier, procédé à l'apposition de nos scellés, en exécution des articles 13 et 14 de la proclamation du roy sur le décret de l'assemblée nationale du 19 octobre dernier, sur le greffe de la ci-devant justice de Lisle qu'exerçait M. Hilaire Mille, messieurs du tribunal du district de Châteaumeillant nous avaient requis de vouloir bien nous transporter en la maison dudit sieur Mille audit nom cy-devant greffier, à l'effet de procéder à la reconnaissance et levée de nos scellés apposés sur une liasse composée de tous les papiers dudit greffe de Lisle, décrits en notre dit procès-verbal, ci-dessus daté qui contient le dépôt de touts ces actes, papiers et minutes dudit greffe, et, de suite, à l'inventaire d'iceux, afin d'en charger le greffier nommé par mesdits sieurs du tribunal, conformément au décret, pour faire la délivrance des expéditions à ceux qui en auraient besoin ; auquel réquisitoire adhérant nous nous sommes transportés en la maison dudit sieur Mille qui nous a conduits dans la chambre où était placée ladite liasse, lesquels scellés avons tous reconnus sains et entiers, et ouverture faite d'icelle avons procédé à l'inventaire des papiers et minutes y contenues ainsi qu'il suit :

. . . .

« Qui sont tous les registres, minutes et plumitifs qui se sont trouvés au greffe de la ci-devant justice de Lisle et qui ont été remis ès-mains de Me ... greffier en chef du tribunal du district de Châteaumeillant étant en la ville de Lignières qui s'en est chargé ; en conséquence avons dressé le présent procès-verbal pour servir et valoir ce que de raison, fait les jour et an que dessus. »

fois; gardiennes de nos libertés politiques et religieuses, elles avaient rendu d'immenses services (1); mais, entraînés par l'effervescence révolutionnaire, on ne se rappela que leurs fautes, et, redoutant leur puissance, on les anéantit au lieu de corriger ce qu'il y avait de défectueux dans leur organisation et rétrécir le cercle de leurs attributions.

Depuis le 24 août jusqu'au mois d'octobre, les élections pour le renouvellement de la magistrature avaient eu lieu. Un décret des 12-19 octobre ordonna d'installer sans délai les juges élus pour composer les Tribunaux de district, et leur enjoignit, si le commissaire du roi près d'un Tribunal n'était pas nommé ou ne se présentait pas pour prêter son serment de réception, de commettre un gradué qui en remplirait provisoirement les fonctions.

Les Tribunaux civils étaient organisés, mais les Tribunaux de répression ne l'étaient pas.

L'article 2 du décret que nous venons de citer

(1) « Ces Parlements avaient acquis une si grande réputation et étaient arrivés à tel degré d'admiration, que non-seulement ils semblaient être comme une ressource en laquelle répondaient les plus grands négoces de France, mais aussi les différends qui tombaient entre les étrangers étaient soumis à leur arbitrage et jugement, même entre les papes, empereurs, rois et les plus grands princes de l'Europe, comme il advint l'an 1244 que Frédéric IIe du nom, dit Barberousse, roi de l'une et l'autre Sicile, se soumit au jugement de ladite Cour sur tous les différends de son empire et de son royaume qu'il avait contre le pape Innocent IV. » (La Roche Flavin, *Treize livres des Parlements de France*, livre XIII, p. 678.)

décida qu'en attendant le prochain établissement de la procédure criminelle par jurés, les anciens Tribunaux, tant qu'ils resteraient en activité, ensuite les Tribunaux de district lorsqu'ils seraient installés, pourraient, dans toute l'étendue du royaume, et nonobstant toutes lois et coutumes locales contraires, informer, décréter, instruire et juger en matière criminelle. A cet effet, ajoutait cet article, les Tribunaux de district commettront un gradué qui fera provisoirement les fonctions d'*accusateur public* de la même manière que les anciens procureurs du roi. Déjà l'article 4, titre VIII, du décret des 16-24 août avait dit :

« Les COMMISSAIRES DU ROI ne seront point *accusateurs publics*, mais ils seront entendus sur toutes les accusations intentées et poursuivies suivant le mode que l'Assemblée nationale se réserve de déterminer. Ils requerront pendant le cours de l'instruction, pour la régularité des formes, et avant le jugement pour l'application de la loi. »

Ces deux articles indiquaient les réformes qui, au point de vue des fonctions du parquet, allaient s'opérer dans la procédure criminelle. La Constituante voulait qu'un accusé fût, à l'avenir, jugé publiquement, après des débats, une accusation et une défense publics. L'organe de la société qui accuserait, devrait-il en même temps veiller à la régularité des formes et à l'application de la loi? L'Assemblée ne le pensa pas; les 20 janvier, 25 février 1791, un décret organisa les Tribunaux criminels. Il est ainsi conçu :

« Art. 1er. Il sera établi un Tribunal criminel pour chaque département.

» Art. 2. Ce Tribunal sera composé d'un président nommé par les électeurs du département, et de trois juges pris chacun, tous les trois mois et par tour, dans les tribunaux de district, le président excepté.

« Art. 3. Il y aura, près du Tribunal criminel, UN ACCUSATEUR PUBLIC, également nommé par les électeurs du département.

« Art. 4. Un COMMISSAIRE DU ROI sera toujours de service près du Tribunal criminel (1).

« Art. 6. L'accusateur public sera nommé à la prochaine élection pour quatre ans seulement, et à la suivante pour six années. »

Ces Tribunaux criminels étaient établis pour juger les prévenus de délits de nature à mériter peine afflictive ou infamante.

Il restait à organiser les Tribunaux de police correctionnelle. C'est ce que fit un décret des 19, 22 juillet 1791, relatif à l'organisation d'une police municipale et correctionnelle. Nous ne citerons que l'article 69 de ce décret; mais il suffira pour faire comprendre quelles étaient en cette partie les fonctions des officiers du ministère public.

(1) Un décret des 17-25 septembre 1791 porte qu'il y aura un commissaire du roi particulier pour chaque Tribunal criminel.

« En cas d'appel (devant les Tribunaux de district jugeant en dernier ressort) des jugements rendus par le Tribunal de police correctionnelle [composé d'un juge de paix et de deux assesseurs ou de deux juges de paix et un assesseur, ou de trois juges de paix (1)], les conclusions seront données par le COMMISSAIRE DU ROI. »

La Constitution des 3-14 septembre 1791 consacra le système que nous venons d'exposer.

Il y avait donc en résumé un COMMISSAIRE DU ROI, nommé à vie, près les Tribunaux de district, jugeant civilement en première instance et correctionnellement en appel, et près des Tribunaux criminels un COMMISSAIRE DU ROI, également nommé à vie, et un ACCUSATEUR PUBLIC (2).

Nous avons dit quelles étaient, en matière correctionnelle et criminelle, les fonctions des commissaires du roi. L'article 1er, titre V, du décret des 16-29 septembre 1791, concernant la police de sûreté, la justice criminelle et l'établissement des jurés, les résume ainsi :

« Dans tous les procès criminels, soit au Tribunal de district, soit au Tribunal criminel, le com-

---

(1) Art. 46 du décret des 19-22 juillet 1791. — Les prévenus étaient cités devant le Tribunal de la police municipale et devant les Tribunaux correctionnels, à la requête des parties lésées ou du procureur de la commune.

(2) Nul ne pourra être chargé des fonctions du ministère public, s'il n'est âgé de trente ans accomplis, et s'il n'a été pendant cinq ans juge ou homme de loi, exerçant publiquement auprès d'un Tribunal (art. 9, titre XI, du décret des 16-24 août 1790).

missaire du roi sera tenu de prendre communication de toutes les pièces et actes, et d'assister à l'examen et au jugement. »

De là, sa mission de requérir l'observation des lois, de se pourvoir en cassation, si la loi avait été violée (1), et, si elle ne l'avait pas été, de pourvoir à l'exécution du jugement rendu.

En matière civile, les fonctions de ces magistrats, réglées par le titre VIII du décret du 16 août, devaient s'exercer non plus comme précédemment par voie d'action (2), mais seulement par voie de réquisition. Elles étaient de veiller aux intérêts des absents, des mineurs, des interdits, des femmes mariées, de la nation et des communes, et, auprès des Tribunaux civils comme auprès des

(1) Le Tribunal de cassation avait été institué par décret des 27 novembre, 1er décembre 1790. Il y avait, auprès de ce Tribunal, un commissaire du roi, nommé par le roi, comme les commissaires auprès des Tribunaux de district, et ayant des fonctions du même genre. (Art. 23.)

(2) Pour comprendre le changement opéré en ce point par la nouvelle législation, il faut se rappeler que les fonctions du procureur du roi étaient autrefois de faire pour le roi et le public (par exemple : pour des établissements publics n'ayant point d'administrateurs), tout ce qu'un simple procureur, chargé par un particulier, pouvait faire pour celui-ci; et que les seigneurs pouvaient plaider sous le nom de leurs procureurs fiscaux, mais dans l'étendue de leur justice seulement, les causes qui intéressaient leurs domaines et leurs droits ou revenus ordinaires ou casuels. (V. Pigeau, *de la Procédure civile du Châtelet*, t. I, p. 80 et 214.)

Aujourd'hui, en matière civile, le ministère public n'a le droit d'agir d'office que lorsque ce droit lui est spécialement confié par la loi. (Cassation, 1er avril 1820; 5 juillet 1821; art. 46, loi du 20 avril 1810; art. 114, 181, 200, 1034, C. N.; etc.)

Tribunaux criminels de requérir l'observation des lois et assurer le maintien de la discipline et la régularité du service (1).

L'accusateur public était chargé de poursuivre les délits emportant peine afflictive et infamante, sur les actes d'accusation admis par les premiers jurés (jurés d'accusation) et de développer devant les seconds jurés (jurés de jugement), les charges qui pesaient contre les prévenus. Il avait en outre, sans l'être cependant lui-même, la surveillance de tous les officiers de police judiciaire du département.

(1) Un décret (célèbre en ce que, du consentement de ceux-ci, il abolit implicitement l'ordre des avocats, qui, sous Louis XV, avaient déjà refusé pendant trois ans de plaider devant le Parlement Maupeou), un décret du 11 septembre 1790, donnait aux commissaires du roi un costume simple et sévère : « Ils porteront, dit-il, l'habit noir et auront la tête couverte d'un chapeau rond, relevé en avant par un bouton et une ganse d'or. »

Le traitement de ces magistrats fut ainsi fixé par un décret du même jour :

Dans les villes au-dessous de 20,000 h. . . . . . 1,800 l.
Dans celles de 20,000 à 60,000 h 2,400
Dans celles de plus de 60,000 h 3,000
A Paris 4,000

Au-dessus de 2,400, la moitié du traitement était prélevée et distribuée en droit d'assistance.

L'Assemblée qui avait voté la Constitution des 3-14 septembre 1791, se retira le 30 du même mois pour céder sa place à l'Assemblée législative.

Les nouveaux législateurs rendirent deux décrets touchant l'organisation du ministère public.

Le premier est en date des 18-30 août 1792. Le roi ayant été suspendu le 10 août, les titres qui rappelaient la royauté devaient disparaître avec elle. Tel est l'usage, et il est logique. Le décret précité remplaça donc avec raison le titre de *commissaire du roi*, par celui de COMMISSAIRE DU POUVOIR EXÉCUTIF; mais cessant d'être logique, devenant injuste, et violant le principe de l'inamovibilité, il suspendit tous les commissaires du roi près les Tribunaux civils et criminels, ordonna l'élection de nouveaux magistrats par les conseils généraux des districts ou des départements et interdit d'élire les commissaires du roi, alors en exercice; mesure acerbe, violente, pleine de haine et de rancune, comme toutes les destitutions en masse, et que n'avait pas prise l'Assemblée constituante, même à l'égard des juges seigneuriaux. [Art. 8 du décret des 25 août et 11 septembre 1790 (1)].

Le second décret offre peu d'intérêt.

« Considérant, dit-il, qu'il importe d'aplanir les difficultés qui peuvent s'opposer au choix des commissaires du pouvoir exécutif près des Tribunaux, sur la proposition du ministre de la justice, l'Assemblée nationale décrète que ceux qui, à l'âge de vingt-cinq ans accomplis, réuniront les autres conditions d'éligibilité exigées par les lois précédentes, pourront être nommés commissaires du pouvoir exécutif ou *nationaux* près les Tribunaux (2). »

Nous allons voir que ces autres conditions disparurent elles-mêmes sous le niveau égalitaire de la Convention.

---

(1) Le décret du 18 août, complété par un autre du 7 septembre, déférait aux juges du Tribunal de cassation le droit d'élire le commissaire du pouvoir exécutif près ce Tribunal et son substitut. Les anciens titulaires purent être réélus. — Était-ce là un hommage rendu à la science?

(2) Les commissaires du pouvoir exécutif eurent le même traitement que celui qui était accordé aux commissaires du roi. — Voir, plus haut p. IX, note, quelles étaient les conditions d'éligibilité.

A l'Assemblée législative succède, le 20 septembre 1792, la Convention nationale. Le 22, elle décrète à l'unanimité l'abolition de la royauté en France, et le 25, ordonne que les corps judiciaires seront renouvelés en entier, sauf la faculté de réélire les magistrats qui auraient bien mérité de la patrie. Les commissaires nationaux, précédemment élus par les conseils généraux des districts, sont eux-mêmes soumis à une réélection par le peuple, mode de nomination incompréhensible quand il s'agit de fonctionnaires qui, représentant le pouvoir exécutif, doivent tenir leurs fonctions de celui qu'ils représentent.

Mais quelles étaient alors les conditions d'éligibilité ? Être citoyen, avoir vingt-cinq ans accomplis, être domicilié depuis un an et n'être ni domestique ni mendiant ! Le décret du 16 août 1790 avait exigé, comme garantie de capacité, l'exercice pendant un temps déterminé de la profession d'homme de loi. Cette condition est abolie (1).

Les élections ne traînèrent pas en longueur. Elles eurent lieu dans le courant de novembre, et les nouveaux magistrats, sur le procès-verbal de leur élection, furent installés, savoir : les juges, par le Conseil général de la commune, et les officiers du ministère public par les juges.

Tous les décrets de la Convention cependant ne sont point à critiquer. Avant les élections, elle avait adopté une sage réforme. Le partage devant les Tribunaux criminels des attributions du procureur impérial actuel, entre un commissaire national et un accusateur public, avait pour résultat d'amoindrir, en les divisant, les fonctions de ce magistrat (2). Un décret des 20-22 octobre avait remédié à cet état de choses, en supprimant l'une des deux charges ; seulement il avait eu le tort de supprimer les *commissaires nationaux* en attribuant leurs fonctions aux ACCUSATEURS PUBLICS.

(1) « Les juges de 1790 avaient été remplacés par des hommes sans conscience et sans capacité, souvent tirés des derniers rangs, et dont l'unique mérite était leur prétendu patriotisme. Malheur à qui aurait voulu soutenir un procès contre les hommes de sang auxquels la France était livrée ! » Gaudry, *Histoire du Barreau de Paris*, t. 2, p. 105.

(2) Ce système de confier la mission d'accuser et celle de requérir l'application de la loi à deux magistrats, fut en vigueur auprès des Conseils de guerre, jusqu'au décret du 3 mai 1848, époque à laquelle le commissaire du gouvernement, seul, a été chargé de veiller, comme par le passé, à l'exécution des lois, et de développer les moyens de l'accusation, à l'exclusion du capitaine rapporteur, chargé spécialement de l'instruction. (Voy. Broutta, *Leçons de droit militaire*, p. 327 ; Chénier, *Code des Tribunaux militaires.* p. 253. — Loi du 9 juin 1857, art. 4 et 5.)

Il eût été plus convénable de ne pas conserver ces derniers, dont le titre a quelque chose d'odieux et n'est point en rapport avec la noble mission de protéger le faible contre le fort, l'honnête homme contre le méchant. Lorsque l'organe de la loi accuse l'oppresseur, il défend l'opprimé. A côté du banqueroutier gémit une famille que ce banqueroutier a plongée dans la misère. Un assassin a donné la mort à une victime, et cette malheureuse victime laisse après elle des enfants, une famille, dont les cris de douleur sont une demande de protection pour la société tout entière, et que ne doit point étouffer une imbécile pitié pour le coupable.

Tels furent les changements apportés par la Convention (1) à l'organisation du ministère public. La démocratique et impraticable constitution du 24 juin 1793, qui aurait eu pour résultat, si les lois organiques eussent été faites, de bouleverser la législation antérieure, ne reçut jamais d'exécution. Elle fut remplacée par la constitution directoriale du 5 fructidor an III, et la Convention déclara que sa mission était terminée le 26 octobre 1795.

(1) Notons cependant, que sous son gouvernement révolutionnaire, la Convention, par ses comités et ses représentants du peuple en mission, nomma et destitua les juges, les jurés et les officiers du ministère public!

IV

La nouvelle Constitution remplaça (art. 216) les
Tribunaux de district par les Tribunaux de départe-
tement composés de vingt juges au moins, d'un
COMMISSAIRE et d'un substitut *nommés* et *destitua-
bles* par le directoire exécutif, et d'un greffier (1).

Elle créa (art. 233 et 234) dans chaque département, pour les jugements des délits n'entraînant
pas une peine afflictive ou infamante, trois Tribunaux correctionnels au moins et six au plus, composés chacun d'un président, de deux juges de
paix ou assesseurs de juges de paix, d'un
COMMISSAIRE DU POUVOIR EXÉCUTIF, *nommé* et *desti-
tuable* par le Directoire exécutif et d'un greffier.

Enfin, elle institua, pour chaque département
(art. 244 et 245), un Tribunal criminel composé
d'un président, d'un ACCUSATEUR PUBLIC, de quatre
juges pris dans le Tribunal civil, et du COMMISSAIRE

(1) On se souvient encore en province de l'époque où les défenseurs officieux
partaient régulièrement à certain jour de chaque semaine et allaient, accompagnés de leurs clients, solliciter à grands frais la justice au Tribunal du chef-
lieu.

du pouvoir exécutif près le même Tribunal, ou de son substitut.

Les attributions du commissaire du pouvoir exécutif et celles de l'accusateur public étaient les mêmes que celles conférées à ces magistrats par les décrets des 16-24 août 1790, 16-22 septembre 1791. Le Code des délits et des peines, du 3 brumaire an IV (25 octobre 1795), énumère les devoirs qu'ils ont à remplir en matière correctionnelle et criminelle (art. 186, 278 et suiv.) Il développe les principes énoncés dans les articles 248 et 249 de la Constitution.

Art. 248. L'accusateur public est chargé :

1° De poursuivre les délits sur les actes d'accusation admis par les premiers jurés ;

2° De transmettre aux officiers de police les dénonciations qui lui sont adressées directement ;

3° De surveiller les officiers de police du département et d'agir contre eux suivant la loi, en cas de négligence ou de faits plus graves.

Art. 249. Le commissaire du pouvoir exécutif est chargé :

1° De requérir, dans le cours de l'instruction pour la régularité des formes et avant le jugement pour l'application de la loi ;

2° De poursuivre l'exécution des jugements rendus par le Tribunal criminel.

La nouvelle organisation du parquet, différente en un point très-remarquable de celle de 1791

qui n'avait point porté atteinte à l'inamovibilité
des commissaires du roi, ne fut modifiée que sous
le Consulat. De nombreuses lois, il est vrai, concernant les officiers du ministère public, ont été
promulguées pendant le Directoire; mais ces décisions législatives sont, en général, sans importance historique; tantôt elles ont pour but de satisfaire aux besoins du service, comme celle du
21 germinal an IV, qui établit un second substitut
près certains Tribunaux ; tantôt elles prennent des
dispositions purement réglementaires d'ordre et
d'administration intérieure, comme un arrêté du
5 vendémiaire an V qui prescrit d'inventorier sur
un registre la correspondance officielle. Les unes
sont relatives au mode d'élection et à la durée des
fonctions des accusateurs publics, que n'avait point
déterminée la Constitution. Nous citerons pour
exemple une loi du 21 nivôse an VI qui déclare
expirées les fonctions des accusateurs publics élus
en vendémiaire an IV ; dit que celles de ces magistrats élus en l'an V ne dureront que jusqu'aux
élections annuelles de l'an VI, conformément à la
Constitution, et dispose que le Directoire nommera
provisoirement aux charges vacantes. D'autres,
enfin, règlent les dépenses des Tribunaux et les
traitements (1) des magistrats du parquet.

(1) Loi du 9 ventôse an VII. Le traitement déterminé d'après la population
du chef-lieu était selon les localités : celui des commissaires près les tribunaux civils, de 6,000, 4,000, 3,600 ou 3,000 livres; celui des substituts,

Il est cependant un arrêté du Directoire exécutif en date du 10 thermidor an IV (29 juillet 1796), que nous devons signaler.

Avant 1789, les officiers du ministère public, en leur qualité de surveillants du domaine national, qui comprenait les biens de l'Etat et ceux de la couronne (1) étaient seuls parties dans les affaires domaniales et devaient défendre les intérêts du roi. La révolution modifia ce système, et les fonctions du ministère public furent beaucoup restreintes en cette matière. Une loi du 19 nivôse an IV avait chargé les commissaires près les administrations de la poursuite et de la direction des affaires judiciaires qui intéressaient la République. Dans divers départements, ces commissaires faisaient paraître à l'audience des défenseurs officieux qui plaidaient au nom de la République ; le Directoire, jugeant qu'il ne convenait pas à la dignité de la Nation qu'elle fût représentée devant les Tribunaux par de simples particuliers, ordonna d'adresser au ministère public les mémoires contenant ses moyens de défense ; mais, rendant un juste hommage à l'indépendance du magistrat, qui ne doit obéir qu'à son intime conviction, il le laissa libre de prendre telles conclusions et proposer tels

de 4,500, 3,000 ou 2,000 livres ; celui des commissaires près les tribunaux correctionnels, de 4,500, 3,000 ou 2,000 livres ; celui des substituts de Paris (il n'y en avait pas ailleurs), 1,800 livres.

(1) Foucart, *Droit administratif*, N°s 105 et suiv.

moyens que la nature de l'affaire lui paraîtrait exiger (1).

Le ministère public ne doit être et n'est plus en effet que l'avocat de la loi.

On approchait d'une époque où l'on pourrait redire ce que l'historien Claude de Seyssel disait trois siècles avant : « En France, l'on a raison à l'encontre du roi aussi bien qu'à l'encontre des sujets, ès-matières civiles. »

(1) Cass. 24 juillet 1833.

V

« En l'an VIII, l'homme qui présidait aux destinées de la France, sentit le besoin de relever l'administration de la justice. La loi de ventôse fut une véritable restauration de l'ordre judiciaire. Aussi, de ce moment, vit-on des hommes plus capables accepter des places de juges et les fonctions du ministère public (1). »

Cette loi du 27 ventôse an VIII était la conséquence de la Constitution du 22 frimaire précédent qui posait les bases de la nouvelle organisation judiciaire.

Les Tribunaux civils et criminels de département et les Tribunaux de police correctionnelle sont supprimés, dit l'article 1ᵉʳ ; néanmoins ils continueront leurs fonctions jusqu'à l'installation des nouveaux Tribunaux.

Art. 6. Il sera établi un Tribunal de première instance par arrondissement communal.

(1) Dupin, *Profession d'avocat*, p. 127.

Art. 13. Il y aura, près de chaque Tribunal de première instance, un COMMISSAIRE DU GOUVERNEMENT.

Il y aura un substitut du commissaire auprès des Tribunaux composés de sept juges, et deux à Marseille, Bordeaux et Lyon (1).

Il y aura près du Tribunal de première instance du département de la Seine, composé de vingt-quatre juges, un commissaire du gouvernement et cinq substituts.

Art. 21. Il sera établi vingt-neuf Tribunaux d'appel.

Art. 24. Il y aura, près de chaque Tribunal d'appel, un commissaire du gouvernement.

Art. 32. Il y aura un Tribunal criminel dans chaque département; il connaîtra (art. 33) de toutes les affaires criminelles, et statuera sur les appels des jugements rendus par les Tribunaux de première instance en matière de police correctionnelle (2).

Art. 35. Il y aura, près du Tribunal criminel, un commissaire du gouvernement et un substitut (3)

(1) Le traitement des commissaires du gouvernement, devait être de 5,600 fr. au maximum et de 1,500 fr. au minimum, celui des substituts de 1,000 à 2,100 fr.

(2) Les fonctions du ministère public près les Tribunaux de police devaient être et sont encore remplies par les commissaires de police dans les lieux où il en est établi, et dans les autres par les maires.

(3) Le nombre des substituts près les Tribunaux de première instance et d'appel varia d'après l'importance de chaque Tribunal.

dans les villes où le gouvernement le croira utile.

L'article 63 de la Constitution avait supprimé le titre d'accusateur public. Contraire au bon sens et à la vérité, ce titre avait été signalé à la réprobation et au mépris de la postérité, par les assassinats juridiques qu'au nom de la patrie et de la liberté avait sollicités et obtenus le bas accusateur public du Tribunal révolutionnaire,

La loi nouvelle ne règle pas les attributions des officiers du Parquet. Elles restent donc dans les mêmes conditions que par le passé.

La nomination de ces magistrats est, comme il convient que cela soit, confiée au gouvernement qu'ils représentent; cependant, aux termes des articles 7, 8, 9 et 67 de la Constitution, le gouvernement doit les choisir, pour chaque arrondissement communal et chaque département, parmi ceux que les suffrages de leurs concitoyens ont désignés comme les plus propres à gérer les affaires publiques de l'arrondissement et du département.

C'était là une restriction dans le goût de l'époque; belle peut-être en théorie, mais en réalité limitant et surtout embarrassant, sans profit pour les justiciables, le choix du gouvernement. On obéissait encore à cette idée, que les électeurs devaient choisir les fonctionnaires, et on ne voyait pas que si, ce dont personne ne doute, les magistrats doivent appartenir par leurs vertus et leurs talents à l'élite de la société, aucun intérêt n'exige que les

officiers du ministère public exercent leurs fonctions dans l'arrondissement où ils ont leur famille,
leurs amis, leurs propriétés, mais où ils ont aussi
pour adversaires ou détracteurs les jaloux et les
envieux, ennemis perpétuels de toute influence,
même de celle la plus légitimement acquise ?

Aux termes de l'article 67, les commissaires
près les Tribunaux d'appel devaient être pris dans
les listes départementales. Avec un pareil système,
quelle autorité réglait l'avancement et récompensait
les services rendus ? Les électeurs, en portant sur la
liste départementale le commissaire près le Tribunal de première instance dont le nom figurait sur la
liste de l'arrondissement communal seulement.

Les lois postérieures mirent bientôt un terme à
cet état de choses ; mais aucune ne rendit aux magistrats du ministère public leur inamovibilité d'autrefois. Avant 1789, l'usage la leur avait accordée,
la Constitution de 1791 avait sanctionné cet usage,
l'Assemblée législative n'avait pas respecté le
principe admis par la Constituante, la Convention
l'avait supprimé, et la Constitution de l'an VIII
maintint la suppression en admettant l'inamovibilité des juges.

Ce n'est pas dans un simple précis historique le
lieu d'examiner si l'inamovibilité serait un bien ou
un mal dans l'organisation du ministère public :
aussi nous ne dirons que quelques mots sur cette
importante question.

Nous sommes loin de penser avec M. Gilbert des Voisins, ancien député, que l'inamovibilité est un mot vide de sens qui ne produit nullement l'indépendance du juge (1); nous sommes loin d'approuver l'historien des deux Restaurations, disant que l'inamovibilité assure l'intérêt du juge, mais non celui de la justice et des justiciables (2).

Certes, la fermeté de caractère de l'homme, plutôt que l'inamovibilité, produit l'indépendance du magistrat; mais si cette inamovibilité n'arrête pas toujours l'homme faible dans ses concessions, elle l'arrête quelquefois et cela suffit.

Elle est évidemment pour le justiciable une garantie de plus. Que l'on supprime l'inamovibilité! Empêchera-t-on le magistrat pusillanime, s'il en est un, de prendre pour la voix de sa conscience ce que lui dictera sa faiblesse pour les puissants du jour? S'il n'est pas inamovible, il se trompera un peu plus souvent; dans la crainte d'une destitution, il vendra ses jugements à qui pourra lui garantir sa place.

L'intérêt menacé du juge prévaricateur, indigne de ses hautes fonctions, mettrait grandement en souffrance l'intérêt du justiciable!

L'inamovibilité est donc un principe tutélaire, mais les officiers du ministère public doivent-ils

(1) Chambre des députés, séance du 14 juillet 1822.
(2) Vaulabelle, *Histoire des deux Restaurations*, t. V, p. 424.

êtro inamovibles? Nous no lo pousons pas, malgré l'opinion contraire do MM. Dupin (1), Bérenger, Carré et Ortolan.

L'inamovibilité aurait pour ces magistrats les mêmes avantages que pour les juges; mais les justiciables ont moins besoin de cette garantie. Quelque influente, en effet, que soit sur un Tribunal, au civil comme au criminel, la parole du ministère public, celui-ci ne dicte pas le jugement; il n'émet qu'un avis, et le jugement est bien autrement important que les conclusions du Parquet.

Les citoyens ont-ils à craindre une activité indiscrète dans les poursuites criminelles?

Nous ne répondrons pas en rappelant ce mot du célèbre avocat Lemaistre : « *L'innocence de l'homme absous est plus glorieuse que s'il n'avait jamais été accusé.* » C'est là un paradoxe; mais nous répondrons que la surveillance des procureurs généraux et du ministre est suffisante pour empêcher les accusations intempestives et les poursuites qui, légèrement commencées, devraient aboutir à un acquittement certain. Nous dirons, d'autre part, avec Benjamin Constant (2), que si les magistrats du ministère public étaient inamovibles, la société n'aurait aucun recours contre leur inertie et leur inaction. Il faut, dans les institutions humaines,

(1) « Pour moi, je leur souhaite l'inamovibilité comme garantie de leur indépendance et de notre sécurité. » (*Des Magistrats*, p. 89.)

(2) *Commentaires sur Filangieri*, p. 65.

mettre en balance le bien et le mal, et lorsque le bien l'emporte, les approuver. Si les officiers du Parquet n'étaient pas révocables, comment réprimerait-on leur négligence à remplir leurs nombreux devoirs d'administration intérieure : surveillance des officiers de police judiciaire, correspondance officielle, vérifications de toute sorte, présentation des officiers ministériels, statistiques, états, demandes de dispenses pour les mariages, renseignements à l'occasion de pourvois en grâce, etc., etc.?

Terminons en un mot : ces magistrats, chargés par le pouvoir exécutif de requérir l'exécution de la loi, doivent être dans la dépendance de ce pouvoir, car ils ne doivent pas profiter de leur place pour s'opposer à l'exécution de ce que le gouvernement croit être l'expression de la volonté du pouvoir législatif (1).

Nous avons vu quelle était la composition du Parquet dans les Tribunaux civils et criminels, de première instance et d'appel. Près du Tribunal de cassation, il devait y avoir un commissaire et six substituts, pris parmi les citoyens désignés par le suffrage des électeurs, comme pouvant remplir des fonctions publiques nationales.

L'organisation actuelle est née; mais il faut que,

(1) Il est à remarquer que le Parquet est en fait presque inamovible. Ses membres ne sont jamais révoqués que pour manquement grave à leurs devoirs, ou victimes des catastrophes politiques.

comme toute chose, elle suive la voie du progrès. Elle progressera donc.

Sous le Code criminel de 1791, comme sous celui du 3 brumaire an IV, le ministère public était en dehors de tous les actes préliminaires de l'instruction, qui étaient confiés à des agents de police judiciaire dont il ne faisait pas partie. C'était une lacune.

Le magistrat chargé de la répression des crimes ne doit pas procéder à l'instruction et recueillir contre les prévenus les charges dont plus tard il fera ressortir la puissance et démontrera la valeur; mais il doit lui être permis de requérir les actes d'instruction qu'il croit nécessaires, et de ne pas attendre, pour intervenir, la fin d'une instruction peut-être mal commencée. La loi du 7 pluviôse an IX, avait consacré ce système. Elle avait donné au commissaire du gouvernement près du Tribunal criminel, un substitut qui, placé près du Tribunal civil de chaque arrondissement, était chargé de la recherche et de la poursuite de tous les délits dont la connaissance appartenait soit aux Tribunaux de police correctionnelle soit aux Tribunaux criminels.

Ces substituts, nommés par le premier Consul et révocables à sa volonté, sont connus sous le nom de magistrats de sûreté. Ils furent supprimés en 1810 (1), mais le principe resta. A cette épo-

(1) Loi du 20 avril 1810, art. 49 :

« Les magistrats de sûreté sont supprimés ; leurs fonctions seront remplies,

que, les procureurs impériaux et leurs substituts étaient déjà aux termes de l'art. 9 du Code d'instruction criminelle, officiers de police judiciaire, chargés, chacun dans leur arrondissement respectif, de la recherche des délits et d'en livrer les auteurs aux Tribunaux. Leurs devanciers étaient donc devenus inutiles.

Les lois postérieures à celle du 7 pluviôse ont toutes (1) pour but unique de donner à l'organisation nouvelle un caractère de force et d'unité qui manquaient à l'ancienne (Ortolan).

Un sénatus-consulte organique du 16 thermidor an X — le principe d'autorité, toujours puissant et fécond, avait repris naissance sous le Consulat — attribue au commissaire du gouvernement près le Tribunal de cassation le droit de surveiller les commissaires près les Tribunaux d'appel et les Tribunaux criminels, et aux commissaires près les Tribunaux d'appel le droit de surveiller les commissaires près les Tribunaux civils.

Un autre sénatus-consulte du 28 floréal an XII (18 mai 1804) donne aux Tribunaux supérieurs la dénomination de Cours, et les commissaires du gouvernement prennent le titre de procureurs généraux impériaux ou de procureurs impériaux ; puis vinrent le décret du 30 mai 1808 et les lois de 1810.

conformément au Code d'instruction criminelle (promulgué à la fin de 1808), par le procureur impérial et son substitut. »

(1) Arrêté du 27 germinal an IX ; loi du 2 nivôse an II.

Par ces lois (1), les fonctions du ministère public sont spécialement et personnellement confiées aux procureurs généraux dont les autres officiers du Parquet ne sont et ne doivent être, dans chaque ressort, que les substituts (2)

Ainsi se trouve organisée l'institution du ministère public, telle qu'elle existe aujourd'hui, avec une centralisation qui assure une meilleure direction aux affaires ardues et délicates, — avec une hiérarchie qui donne à chaque magistrat un supérieur, sans lui rien ôter de son indépendance (3).

(1) Voyez loi du 20 avril 1810, sur l'organisation de l'ordre judiciaire. Les Cours d'appel prennent le titre de Cours impériales. — Décret du 6 juillet 1810, articles 42 et suiv., contenant règlement sur l'organisation et le service des Cours impériales; décret du 18 août 1810, article 16 et suiv., contenant règlement sur l'organisation des Tribunaux de première instance, excepté celui de l'île d'Elbe; il est donné un ou plusieurs substituts à tous les procureurs impériaux près les Tribunaux de première instance.

(2) Une modification a été apportée à la loi du 20 avril 1810; mais elle ne touche pas aux principes sur lesquels repose la nouvelle organisation.

Auprès de chaque Cour d'assises, il y avait un procureur impérial criminel. Cette fonction a été supprimée par une loi du 25 décembre 1815, et réunie à celle du procureur impérial près le Tribunal de première instance de l'arrondissement chef-lieu de Cour d'assises.

(3) Après avoir, dit M. Henrion de Pansey, rendu plainte sur l'injonction du procureur général, concouru à l'instruction, mis sous les yeux du Tribunal toutes les circonstances du fait incriminé, le ministère public, libre d'obéir à sa conscience, peut déclarer qu'il s'en rapporte à la prudence des juges, et même qu'il se désiste de ses poursuites.

ÉTUDES PRATIQUES

CHAPITRE Ier

DES JUGES DE PAIX

SECTION I

PRÉSENTATIONS

Lorsqu'une place de Juge de paix ou de Suppléant de Juge de paix devient vacante, les chefs des tribunaux ne doivent pas attendre pour faire leurs présentations qu'on les ait mis en demeure de les envoyer. (Circulaire du 4 novembre 1855.) Leur devoir est de les adresser *d'office* et le plus promptement possible à MM. les premier Président et Procureur général, par l'intermédiaire desquels elles doivent parvenir à la Chancellerie.

Il faut présenter trois candidats (1) (Circulaire du 6

----

(1) De tout temps on s'est montré très-scrupuleux pour ouvrir aux postulants l'entrée de la magistrature.

Une ordonnance de 1344 voulait que nul ne fût promu à une place de président ou de conseiller, avant que son aptitude n'eût été certifiée au roi par son Parlement et par son Chancelier.

« Par édict de mil trois cent octante et huict (1388), Charles sixiesme voulut qu'advenant vacation d'advocat ou procureur du roy d'un baillage) on y procédast par élection aux siéges : serment, avant toute œuvre, faict sur les sainctes évangiles, et que l'on luy en nommast deux ou trois des plus idoines et suffisants, pour gratifier celui qui bon lui semblerait. »

Un autre règlement de Charles VII exigeait qu'à chaque vacance de conseiller, les chambres s'assemblassent pour élire un, deux ou trois candidats : tous les membres juraient sur l'évangile, avant l'ouverture du scrutin, de ne suivre que les inspirations de leur conscience.

fructidor an xii); cependant, lorsqu'une localité ne fournit pas en quantité suffisante des hommes sur l'aptitude ou la moralité desquels il soit permis de compter, les chefs de service sont autorisés à restreindre leurs présentations suivant les possibilités locales. « S'il en était autrement, leur responsabilité se trouverait engagée en dehors des seules conditions qui impliquent la garantie, celles d'un choix libre et réfléchi. » (Lettre de M. le Procureur général de Bourges, 28 novembre 1860.)

Les présentations doivent être faites par notices *individuelles* et *séparées*, afin que chaque bulletin puisse être classé au dossier du candidat. (Circulaires des 18 mai 1850 et 22 février 1853.) Chacune d'elles peut avoir lieu sous forme d'un tableau à colonnes dont voici le modèle :

COUR IMPÉRIALE
d

PARQUET
du tribunal d

1re, 2e ou 3e *CANDIDAT présenté par M. le Procureur impérial d   , pour la place d du canton d   , vacante par*

NOMS et PRÉNOMS	Domicile	DATE ET LIEU de NAISSANCE	Profession	POSITION de famille et de fortune	OBSERVATIONS
					(1)

Fait au Parquet, le   18 .

Le Président du Tribunal,   *Le Procureur impérial,*

(1) Dire si le candidat a obtenu des grades universitaires, un certificat de capacité, s'il est bachelier en droit ou licencié; quel est son temps de cléricature, la profession qu'il a d'abord exercée, la date de sa nomination aux fonctions qu'il exerce actuellement; s'expliquer sur sa moralité, son aptitude, ses antécédents; énoncer s'il est ou n'est pas parent du greffier, et, dans le cas de l'affirmative, quel est son degré de parenté, etc.

On doit joindre à chacun de ces bulletins l'acte de naissance, sur *papier libre,* du candidat qu'il concerne.

En principe, le Président du Tribunal et le Procureur impérial devraient rediger de doubles bulletins, l'un pour le premier Président et l'autre pour le Procureur général; mais, lorsqu'ils sont d'accord sur le choix et le rang des candidats, ils peuvent éviter de faire ce double travail; dans ce cas, il est nécessaire que les bulletins transmis au Procureur général portent, avec la signature du Procureur impérial, celle du Président, et que, de son côté, le Procureur impérial signe ceux que le Président adresse au premier Président.

Les Juges de paix et leurs suppléants ne peuvent être nommés avant l'âge de trente ans accomplis; et, comme il ne saurait dépendre du ministre de modifier une condition imposée par la loi, aucune présentation ne peut être faite soit pour une Justice de paix, soit pour une suppléance, qu'autant que le candidat a atteint l'âge réglementaire (1). (Loi des 16-24 août 1790, t. 3, art 3.)

(1) Divers édits de décembre 1665, août 1669, février 1672 et 30 décembre 1670 réglaient l'âge, le temps du service et les autres qualités nécessaires aux magistrats. Les avocats et procureurs généraux devaient avoir trente ans; les avocats et procureurs ès-siéges inférieurs, vingt-sept ans. Il n'est pas sans intérêt de rapporter le préambule de l'un de ces édits; il témoigne de la sollicitude de nos rois pour l'administration de la justice :

« Louis... L'administration de la justice étant le premier et principal devoir des Rois, nous n'avons rien omis pour nous acquitter d'une obligation si indispensable. L'application extraordinaire que nous y avons donnée nous a fait observer par nous-même les abus qui s'y sont glissés, et fait rechercher les moyens les plus propres pour rendre la vigueur à nos ordonnances, et faire régner la justice dans sa plus grande pureté. — Mais comme on peut faire un mauvais usage des meilleures lois, et que toute leur force dépend de celle des

Les chefs du Tribunal de première instance doivent entourer de la plus grande discrétion les présentations qu'ils adressent aux chefs de la Cour, et conserver en toute circonstance, à cette partie si délicate de leur administration, le caractère confidentiel qui lui est propre. (Circulaire du 13 juillet 1861.)

Lorsque le décret de nomination est parvenu au Parquet, le Procureur impérial invite le nouveau magistrat à venir prêter serment devant le Tribunal et adresse au Procureur général, avec le procès-verbal de prestation de serment, la signature type dont l'envoi est prescrit par la circulaire du 21 mai 1861.

magistrats qui les exécutent, aussi nous avons estimé qu'il importait principalement de ne commettre la dignité de la justice qu'à personnes choisies, qui fussent d'une intégrité et capacités éprouvées, et d'un âge assez mûr pour répondre au public de l'expérience nécessaire pour en bien soutenir l'autorité. »

Voir, pour les examens que devaient subir les candidats à la magistrature, *les Parlements de France*, par M. de Bastard, t. II, p. 128. Mais ces examens dégénérèrent bientôt en une simple formalité. Voir Desmaze, *le Parlement de Paris*, p. 101.

SECTION II

CONGÉS

Aux termes de l'article 0 de la loi du 28 floréal an X, lorsqu'un Juge de paix veut s'absenter de son canton, il doit se munir d'une autorisation du Procureur impérial près le tribunal de son arrondissement, à moins que son absence ne doive durer plus d'un mois, auquel cas il doit s'adresser au ministre de la justice pour obtenir de lui un congé (1).

Qu'il s'adresse au Garde des sceaux, ou, ce qui arrive le plus souvent, au Procureur impérial, le Juge de paix doit justifier (art. 10 de la loi précitée) d'un certificat du premier suppléant, et, à son défaut, du second, constatant que le service public ne souffrira pas de son absence.

Lorsque le congé a été accordé par le parquet, on doit, dans le délai de trois jours (2), en informer, par

---

(1) La règle est la même pour les congés que demandent les magistrats du Parquet. (V. art. 30, décret du 18 août 1810.) On a toujours exigé que la magistrature donnât l'exemple de l'assiduité. Nous en citerons comme preuve l'art. 20 d'un arrêt du Parlement du 10 juillet 1665 : — « Tous juges seront tenus de se rendre assidus en la fonction de leurs charges aux lieux et heures portées par les règlements de la Cour, porter les habits décents aux magistrats, sans s'absenter que pour cause légitime et par *congé* de la Compagnie. »

(2) Ordonnance du 6 novembre 1822.

l'intermédiaire du Procureur général, S. Exc. le
Garde des sceaux (1), et, dans la lettre d'avis, mentionner que le service est assuré tant que durera l'absence du magistrat titulaire (2). On doit en outre faire
inscrire ce congé au greffe du Tribunal sur un registre à ce destiné, et dont un extrait est, tous les mois,
envoyé par le Procureur impérial au Procureur général. Cet extrait, rédigé par le Greffier conformément au
modèle que nous transcrivons ci-contre, page 7, est
certifié par le Procureur impérial, et rappelle toutes
les énonciations que doivent contenir la demande de
congé et la lettre d'avis adressée au Ministre de la
justice.

(1) Aux termes de la circulaire du 8 août 1861, on doit, en tête et en
marge des dépêches adressées à la Chancellerie, indiquer la direction à laquelle l'affaire ressortit, le bureau et par une mention succincte l'objet de la
dépêche. Ainsi la lettre d'avis d'un congé doit, en marge, porter cette indication : *sous-direction du personnel, 1er bureau, congé.* S'il y a un dossier,
les pièces qui le composent doivent être liées ensemble et renfermées dans
une chemise sur laquelle on mentionne la nature de l'affaire.

Pour faciliter ce travail le Garde des sceaux a fait transmettre à chaque
Parquet un exemplaire d'un bulletin contenant le personnel et l'organisation
des bureaux de la Chancellerie.

(2) Lorsqu'un Procureur impérial sollicite un congé ou lorsqu'il transmet au Procureur général soit une demande formée à cet égard par son
substitut, soit une lettre informant le Garde des sceaux d'un congé accordé
par lui-même à ce dernier magistrat, il doit, dans sa lettre, exprimer que
le service ne souffrira pas du congé sollicité ou accordé.

ÉTAT des congés inscrits sur le registre tenu au greffe du tribunal de première instance d , pendant le mois

d 18 .

NOM ET QUALITÉ du magistrat qui a obtenu le congé	DATE du congé	MAGISTRAT qui a accordé le congé	DURÉE du congé	DATE DU COMMENCEMENT et de la fin du congé	MOTIF du congé et lieu où se rend l'impétrant

Certifié conforme au registre par le Greffier soussigné,

Certifié exact et conforme au registre.

Au Parquet, le 18 .

Le Procureur impérial,

SECTION III

ENVOIS PÉRIODIQUES

§ I. — *Envois Mensuels*

Dans les premiers jours de chaque mois, les Juges
de paix envoient au Parquet :

I. Un procès-verbal de la vérification par eux faite des
minutes de tous les actes reçus au Greffe de leur Justice
de paix, pendant le mois précédent.

Le Procureur impérial, gardant tous les procès-verbaux reçus au Parquet, les résume en un seul qu'il doit,
dans la première huitaine, adresser au Procureur général. Ce procès-verbal récapitulatif peut être ainsi rédigé :

TRIBUNAL d

PARQUET
du procureur impérial

Mois d

COMPTE SOMMAIRE

*De la vérification des Greffes des Justices de
paix*

Nous, Procureur impérial près le Tribunal de première instance d

Agissant en exécution de l'art. 5 de l'ordonnance du 5 novembre 1823 ;

Rendons compte à M. le Procureur général que, des procès-
verbaux à nous transmis par MM. les Juges de paix de cet arrondissement, il résulte que ces magistrats ont procédé à la vérification
des feuilles d'audience et de toutes autres minutes d'actes reçus
et passés aux greffes de leurs Justices de paix respectives, pendant
le mois de

Qu'après avoir fait le recolement sur le répertoire, ils ont reconnu que tous les actes y ont été exactement portés, et ne présentent aux diverses dispositions des lois et règlements aucune contravention.

Fait au Parquet,

A   , le   18 .

Le Procureur impérial,

Également dans les premiers jours de chaque mois, les Juges de paix doivent, corformément aux prescriptions des circulaires des 26 mai 1855 et 22 avril 1856, envoyer au Parquet :

II. Un extrait du registre des avertissements délivrés par le Greffier dans le mois précédent, en exécution de la loi du 2 mai 1855. Cet extrait dont voici le modèle :

JUSTICE DE PAIX
du canton d

—

ARRONDISSEMENT
d

—

Mois d

EXTRAIT

Du registre des avertissements délivrés par le Greffier en exécution de la loi du 2 mai 1855.

Nos D'ORDRE	NOM DU DESTINATAIRE	DATE de l'affranchisst	OBSERVATIONS

Certifié par le Greffier.

A   , le   186 .

Vu et certifié, le présent état conforme au registre.

A   , le   18 .

LE JUGE DE PAIX,

cet extrait, dis-je, est comparé au Parquet avec un relevé
fourni par l'administration des postes. En effet, aux
termes de la circulaire du 22 avril 1856, les Receveurs
de poste, dans chaque canton, tiennent note des billets
d'avertissement affranchis par les Greffiers. Ils en transmettent mensuellement le relevé au Directeur de leur
département, qui, lui-même, envoie au Procureur impérial un relevé général dressé conformément au modèle
ci-dessous, et destiné à servir de contrôle aux états
transmis par les Juges de paix.

DIRECTION GÉNÉRALE DES POSTES — DIRECTION du département d	*RELEVÉ du nombre des billets d'avertisse- ment en conciliation expédiés, en exécu- tion de la loi du 2 mai 1855, par les Juges de paix du ressort du tribunal d*

DÉSIGNATION des Justices de paix	BUREAUX DE POSTE chargés de l'expédition	NOMBRE de billets	OBSERVATIONS

CERTIFIÉ VÉRITABLE :

Le Directeur des Postes,

Monsieur le Procureur Impérial à

Le Procureur impérial doit, le plus promptement
possible, rendre compte de la vérification à laquelle
il a procédé, des inexactitudes qu'il a remarquées
dans les états, et des explications qu'il a demandées,

et reçues à cet égard soit des Juges de paix, soit du Directeur des postes. A cet effet, il envoie au Procureur général un tableau comparatif dont la rédaction ne présente aucune difficulté :

TRIBUNAL
d —
PARQUET
de procur^r impérial
—
Mois d

TABLEAU *comparatif des billets d'avertissement délivrés, en exécution de la loi du 2 mai 1855 (1), par les Juges de paix de l'arrondissement d . , et expédiés par les Directeurs des postes.*

DÉSIGNATION des Justices de paix	NOMBRE des billets délivrés par les Juges de paix	NOMBRE des billets expédiés par les recev^{rs} des postes	OBSERVATIONS
TOTAUX.			

Certifié conforme par le Procureur impérial soussigné.

Au Parquet, le 18 .

(1) Cette loi est ainsi conçue en cette partie :

« Dans toutes les causes, excepté celles qui requièrent célérité, et celles dans lesquelles le défendeur serait domicilié hors du canton ou des cantons de la même ville, il est interdit aux huissiers de donner aucune citation en justice, sans qu'au préalable le Juge de paix n'ait appelé les parties devant lui, au moyen d'un avertissement sur papier non timbré, rédigé et délivré par le Greffier, au nom et sous la surveillance du Juge de paix, et expédié par la poste, sous bande simple, scellée du sceau de la Justice de paix, avec affranchissement. — A cet effet il sera tenu par le Greffier un registre sur papier non timbré, constatant l'envoi et le résultat des avertissements; ce registre sera coté et paraphé par le Juge de paix. Le Greffier recevra pour tout droit

§ II. — *Envois Trimestriels*

Dans les premiers jours de chaque trimestre, c'est-à-dire au commencement des mois de janvier, avril, juillet et octobre, les Juges de paix envoient au parquet :

1. Un procès-verbal de vérification du registre sur lequel leurs Greffiers doivent inscrire les sommes qu'ils reçoivent pour les actes de leur ministère. (Ordonn. du 17 juillet 1823, art. 3.) Ce procès-verbal est généralement rédigé dans cette forme :

ARRONDISSEMENT
d

JUSTICE DE PAIX
du canton d

Trimestre
d   18 .

PROCÈS-VERBAL

De vérification du registre aux émoluments du Greffier de la Justice de paix.

L'an mil huit cent soixante-   , le

Nous, Juge de paix du canton d   , nous nous sommes fait représenter le registre établi par notre Greffier, en vertu de l'article 2 de l'ordonnance royale du 17 juillet 1825.

Examen fait dudit registre, nous avons reconnu qu'il était tenu conformément à ce qui est prescrit par ledit art. 2, que le Greffier a inscrit les sommes qu'il a reçues pour les actes de son

et par chaque avertissement une rétribution de vingt-cinq centimes, y compris l'affranchissement, qui sera, dans tous les cas, de dix centimes. »

Il serait fort à désirer que cette loi fut étendue aux procès intentés devant le Tribunal de police correctionnelle à la requête des particuliers. Ces procès sont en général mal fondés ou sans importance pour le poursuivant. Le droit que lui confère l'art. 182 du C. d'inst. crim., est une source abondante d'abus, de vexations et de dépenses que s'épargnerait la partie civile elle-même si elle était mieux conseillée.

ministère, par ordre de date et sans aucun blanc, et ses déboursés et émoluments dans des colonnes séparées (1).

Avons aussi, et après récolement, constaté que ledit registre
contient le relevé exact des états qui, pendant le cours du trimestre, ont été dressés par le Greffier, et vérifiés et visés par
nous, aux termes de l'article 1er de ladite ordonnance.

Certifions en outre que nous avons apposé notre visa sur ledit
registre, pour constater notre vérification.

En foi de quoi nous avons signé.

Le Juge de paix,

Le Procureur impérial doit, aux termes de l'art. 3,
§ 2, de l'ordonnance précitée, rendre compte au Procureur général des vérifications qui ont eu lieu dans chaque canton. A cet effet il adresse à ce haut magistrat un
procès-verbal qui peut être conforme au modèle que voici :

d   TRIBUNAL

Trimestre
de   18 .

COMPTE SOMMAIRE

*De la vérification des registres de recettes tenus
par les Greffiers des Justices de paix.*

Nous, Procureur impérial près le tribunal de première
instance de

Agissant en exécution de l'art. 3 de l'ordonnance du 17 juillet 1825.

Rendons compte à M. le Procureur général que, des procès-
verbaux de vérification à nous transmis par MM. les Juges de
paix de cet arrondissement, il résulte que, pendant le trimestre
d   18 . leurs Greffiers ont tenu
très-régulièrement le registre de recettes prescrit par l'art. 2

____

(1) Il va de soi que les Greffiers doivent inscrire sur le registre dont il
s'agit, le montant des droits qui leur proviennent des légalisations autorisées
par la loi du 3 mai 1861.

de l'ordonnance précitée, et que leurs perceptions ne présentent aux diverses dispositions des lois et tarifs aucune contravention.

Fait au Parquet, à   , le

Le Procureur impérial,

Egalement dans les premiers jours de chaque trimestre les Juges de paix adressent au Parquet :

II. Un état des jugements de police qui, rendus dans le trimestre précédent, ont prononcé la peine d'emprisonnement.

Pour obéir aux prescriptions des art. 178, § 3, et 200 du Code d'instr. crim., le Procureur impérial doit envoyer au Procureur général un compte sommaire de ces jugements de simple police (1).

Dans ce but, il réunit en un seul état, rédigé d'après le modèle ci-contre, p. 15, tous ceux par lui reçus, dans la même forme, des Juges de paix de son arrondissement (2).

(1) Les peines d'emprisonnement prononcées par les Tribunaux de simple police doivent être subies dans les chambres de sûreté cantonales. (Décis. du garde des sceaux du 24 nov. 1857.)— La dépense occasionnée par les détenus est à la charge des communes auxquelles ils appartiennent.

(2) L'ordonnance du 5 novembre 1823 prescrit de procéder à la vérification mensuelle des feuilles d'audience, minutes et actes des greffes dans les cinq premiers jours de chaque mois et d'envoyer au Parquet le procès-verbal de vérification dans les cinq jours suivants. L'ordonnance de 1825 au contraire, ainsi que les autres lois et circulaires relatives aux envois périodiques, ne déterminent pas la date précise de ces envois, mais pour la régularité et la commodité du service, il est bon que le chef du Parquet exige que tous les états ou procès-verbaux d'une même Justice de paix lui arrivent en même temps dans le délai par lui fixé.

ÉTAT

Des Jugements portant condamnation à la peine d'emprisonnement rendus par les Tribunaux de simple police de l'arrondissement.

INDICATION des cantons	NOMS, PRÉNOMS, AGE profession et domicile des condamnés	NATURE des contraventions	PEINE d'emprisonnement prononcée	LOI appliquée	DATE des jugements	DATE de l'exécution	Observations

Certifié le présent état par le Procureur impérial près le Tribunal de

Au Parquet, le   18   .

§ 3. — *Envois Annuels.*

I. *Listes préparatoires du Jury.* — La loi du 4 juin 1853 (art. 6), fixe d'une manière générale, proportionnellement à la population des départements, le nombre des citoyens qui doivent composer, pour chacun de ces départements, la liste annuelle des Jurés. Le nombre des Jurés pour la liste annuelle est, tous les ans, au mois d'octobre, réparti par le Préfet entre les divers arrondissements et cantons du département, proportionnellement au tableau officiel de la population; enfin les noms des Jurés qui doivent former la liste de chaque session sont, dix jours, au moins, avant l'ouverture des assises, tirés au sort, à l'audience publique de la Cour impériale ou du Tribunal du chef-lieu judiciaire, sur la *liste annuelle* dressée par le Préfet. Cette liste annuelle est la réunion, par ordre alphabétique, des noms portés sur une liste *définitivement* arrêtée au chef-lieu de chaque arrondissement par une commission dont les membres sont : le Préfet ou Sous-Préfet, président, et tous les Juges de paix. Cette *liste d'arrondissement* est composée elle-même sur des *listes préparatoires* dressées au chef-lieu de chaque canton par tous les maires réunis sur la convocation et sous la présidence du Juge de paix, dans la première huitaine du mois de novembre, (Art. 10 de la loi du 4 juin 1853.)

C'est de la vérification de ces listes préparatoires que nous voulons parler; elles devraient être adressées au président de la commission d'arrondissement (art. 10), mais en fait elles sont adressées au Procureur impérial par les Juges de paix (circulaire du 26 août 1853).

Les Juges de paix doivent faire cette communication le plus promptement possible pour ne pas retarder la convocation de la commission d'arrondissement, et pour qu'avant la réunion de cette commission, le Procureur impérial ait le temps de rechercher s'il n'existe pas des causes légales ou morales d'inaptitude qui empêcheraient le nom de tel ou tel juré d'être porté sur la liste définitive (1).

Comme celles du Parquet, les obligations des Juges de paix en cette matière si délicate ne se bornent pas à des transmissions de pièces; ces magistrats doivent apporter à la formation des listes préparatoires la plus scrupuleuse attention (circulaires des 26 août 1853, 6 septembre 1856), et cette attention doit porter non-seulement sur la confection matérielle de la liste, mais encore sur sa composition.

Qu'il nous soit permis de dire quelques mots en nous plaçant à ce double point de vue.

Tout citoyen que la loi (art. 2) ne déclare pas incapable d'être juré, peut être porté sur les listes préparatoires, pourvu qu'il soit probe, éclairé, ferme, digne enfin et capable de porter un jugement sur les faits, compliqués quelquefois, qui peuvent être soumis à son appréciation. Il faut au contraire écarter des listes les gens infirmes, maladifs, ceux qui, imbus de faux systèmes ou

(1) Il résulte de la combinaison des art. 10 et 12 de la loi du 4 juin 1853, et des prescriptions de la circulaire du 20 août 1855, qu'il doit s'écouler un délai de quinzaine environ entre la réunion de la commission cantonale et celle de la commission d'arrondissement.

trop faibles de caractère, seraient disposés soit à nier, soit à laisser sans sanction le droit social. Il faut se garder de ces humanitaires qui, cœurs secs pour les victimes, n'ont de pitié et de larmes que pour les voleurs et les assassins !

La confection matérielle de la liste est non moins importante que sa composition ; les moindres erreurs jettent du doute sur l'identité des jurés. Ainsi les noms propres doivent être bien orthographiés, les prénoms inscrits dans leur ordre ; la date précise de la naissance doit toujours être indiquée par les jour, mois et an ; enfin il est nécessaire, pour que l'on puisse consulter le casier, de faire connaître la commune et l'arrondissement dans lequel est située la commune, lieu de naissance ; on ne doit pas non plus oublier de mentionner la profession du juré.

La loi du 4 juin 1853 (art. 5) dispense les septuagénaires du service du jury. Il ne faut pas en conséquence porter sur les listes ceux qui doivent accomplir leur 70° année dans le cours de l'année pour laquelle ces listes sont faites. Il en est de même des citoyens qui n'atteindront l'âge de trente ans que dans le courant de cette même année. Si les uns ou les autres étaient appelés à faire partie du jury avant qu'ils n'aient atteint ou après qu'ils auraient dépassé l'âge légal, ils se feraient récuser ou le seraient nécessairement (art. 1). C'est pour une semblable raison qu'il ne faut pas porter sur les listes ceux qui ont rempli les fonctions de juré pendant l'année courante et l'année précédente. Ils seraient excusés sur leur demande (art. 16). L'art. 7 de la loi dit comment les Juges de paix connaissent les noms de ces anciens jurés. Le Préfet les leur fait connaître en envoyant à ces magistrats l'arrêté qui répartit par canton, proportionnellement au tableau officiel de la population, le nombre des jurés qui doivent composer la liste annuelle (1).

Lorsque le Procureur impérial a vérifié les listes préparatoires, il rend compte au Procureur général (circ. du 6 septembre 1856), dans un rapport divisé par canton, des observations que son travail lui a suggérées.

II. *Statistique. États annuels.* — Deux fois par an les Juges de paix transmettent l'état de leurs travaux au Parquet de première instance qui, après avoir réuni on fait réunir en un seul tous les états qu'il a reçus, transmet lui-même son relevé au Parquet de la Cour.

1° Le premier de ces états, comprenant les travaux de l'année *judiciaire*, est destiné à la rédaction de la mercuriale prononcée chaque année, par le Procureur général, le premier mercredi d'après la rentrée, devant toutes les chambres de la Cour impériale réunies en la chambre du Conseil. (art. 8 de la loi du 20 avril 1810.) Il doit être, en conséquence, envoyé vers le quinze septembre par les Juges de paix au Procureur impérial, pour que ce magistrat puisse à son tour adresser en temps utile, au Procureur général, le relevé fait au

(1) Beaucoup d'autres personnes que celles indiquées ici, notamment les inspecteurs de la marine (circulaire du 16 mars 1867), ne doivent pas être portées sur les listes provisoires qui, cependant, contiennent un nombre de noms triple de celui fixé pour le contingent du canton. Nous ne les désignons pas, parce qu'il suffit pour les connaître de se reporter à la loi, et parce qu'en général il n'y a que les septuagénaires, les citoyens âgés de moins de trente ans et les jurés de l'année précédente et de l'année courante dont les noms figurent par erreur sur les listes provisoires.

Greffe du Tribunal des travaux de tous les Juges de paix de l'arrondissement (1).

Cet état se divise en trois parties :

La première est consacrée aux *attributions judiciaires* des Juges de paix.

La seconde aux *attributions conciliatoires*.

La troisième aux *affaires de simple police*.

Les concordances qui doivent exister entre les diverses colonnes se reconnaissent à la seule inspection du tableau. Il est donc inutile d'entrer à cet égard dans la moindre explication. Nous ne ferons que deux observations :

Il faut remarquer que dans le nombre des affaires portées en conciliation en dehors de l'audience, il ne s'agit pas du nombre de billets d'avertissements délivrés par le Juge de paix, mais du nombre des affaires dans lesquelles les parties ont réellement comparu devant ce magistrat.

Il faut remarquer encore que l'on ne doit porter dans la colonne des affaires conciliées que les affaires *réellement* conciliées sous l'action conciliatrice du Juge de paix.

2° Tous les ans, au mois de décembre, la Chancellerie envoie, par l'intermédiaire du Procureur général, au Procureur impérial, qui le transmet aux Juges de paix, le second état que ces magistrats doivent remplir. Il est divisé

(1) Ce premier état fait réellement double emploi avec celui dont nous allons parler. On pourrait le supprimer, et le service n'en souffrirait en rien. Pour cela il faudrait que MM. les Procureurs généraux ne prononçassent leur mercuriale qu'au mois d'avril, après avoir reçu des Procureurs impériaux les comptes-rendus annuels de l'administration de la justice dans le ressort de chaque Tribunal.

en deux parties. La première est destinée aux travaux en matière civile. Elle se compose de trois cadres. L'un est réservé aux attributions judiciaires du Juge de paix, l'autre aux attributions conciliatoires, le troisième aux attributions extra-judiciaires. Ces cadres sont très-faciles à remplir (1), cependant le magistrat rédacteur doit apporter la plus grande attention à faire concorder entre eux les chiffres qui doivent concorder; car, lorsque les états de toutes les Justices de paix sont revenus au Parquet, ils sont fondus en un seul, et la moindre erreur entraîne dans le travail du Greffier, chargé du tableau général, une regrettable complication. Ainsi, dans le premier cadre, le cadre A, le chiffre porté dans la colonne 6 doit être égal au total des affaires inscrites : 1° dans les colonnes 2, 3, 4 et 5; 2° dans les colonnes 7, 8, 9, 10 et 11, ces deux derniers totaux devant en conséquence être égaux entre eux.

Dans le cadre B, le chiffre de la colonne 5 doit être égal au total des affaires inscrites : 1° dans les colonnes 2, 3 et 4; 2° dans les colonnes 6, 7 et 8; et 3° dans les colonnes 9 et 10, d'où la conséquence que le total des colonnes 2, 3 et 4 d'une part, celui des colonnes 6, 7, 8 d'autre part, et enfin le total des colonnes 9 et 10, doivent être égaux entre eux, et égaux au chiffre de la colonne 5. Dans le même cadre B, le chiffre porté en la colonne 12 doit concorder avec le total des colonnes 13 et 14, et le chiffre inscrit dans la colonne 14 doit concorder avec le total des affaires inscrites dans les trois colonnes 15, 16, 17.

(1) Les notes a, b, c, d, e, lues avec soin, diminuent encore de beaucoup le travail que nécessita la rédaction du document qui nous occupe.

La deuxième partie de l'état qui nous occupe est relative aux travaux des Juges de paix en matière de simple police et en matière criminelle.

Le tableau destiné à consigner les travaux du Tribunal de simple police est composé de 12 colonnes.

Dans la première sont qualifiées les contraventions; dans les colonnes 2, 3, 4 et 5 sont inscrits les jugements rendus. On les divise en jugements contradictoires et jugements par défaut dans les colonnes 2 et 3, et dans les colonnes 4 et 5 en jugements prononcés à la requête du ministère public et jugements prononcés à la requête de la partie civile. De là, la conséquence que le total des deux colonnes 2 et 3 réunies doit être le même que le total des deux colonnes 4 et 5, également réunies.

Dans la colonne 6 est mentionné le nombre des individus qui ont été traduits devant le Tribunal de simple police.

Dans les colonnes 7, 8, 9 et 10 on indique quelle a été la décision du Tribunal à l'égard de ces individus qui se trouvent classés en inculpés : 1° acquittés; 2° à l'égard desquels le tribunal s'est déclaré incompétent; 3° condamnés à l'amende seulement; 4° condamnés à l'emprisonnement avec ou sans amende. Il est évident que le total du nombre des inculpés (colonne 6) doit être, dans chaque ligne, égal au nombre des inculpés acquittés, condamnés à l'amende, etc., et qu'en conséquence le total général de cette colonne 6 doit être égal aux totaux réunis des colonnes 7, 8, 9 et 10.

Les deux dernières colonnes de l'état sont destinées, l'une (colonne 11) à faire connaître le nombre des appels, l'autre à consigner les observations qui pourraient paraître nécessaires au magistrat rédacteur.

La mission des Juges de paix, en matière criminelle ou de police correctionnelle, consiste à entendre des témoins soit en cas de flagrant délit soit en vertu de commissions rogatoires ou à la demande du ministère public. Ils doivent, en tête et à droite de la seconde partie de leur état, indiquer le nombre des affaires dans lesquelles il y a eu information et le nombre des témoins entendus.

Lorsque les Juges de paix ont transmis leurs états au Procureur impérial, ce magistrat les vérifie, et après les avoir vérifiés, les réunit tous en un seul, qui, recopié sur les trois exemplaires du compte-rendu de l'administration de la justice criminelle, reçus de la chancellerie dans le courant de décembre, forme le cadre 8, page 6, de ce compte.

CHAPITRE II

ACTES DE L'ÉTAT CIVIL

SECTION I

RECTIFICATIONS

§ 1. — *Rectifications d'office*

Aux termes de l'art. 75 de la loi du 25 mars 1817, le ministère public avait le droit de réquérir d'office la rectification des actes de l'état civil, lorsque cette rectification intéressait des familles trop pauvres pour en supporter les frais. Mais il avait peu d'occasions d'user de ce droit. Il n'en est pas de même depuis la loi du 10 décembre 1850. Les indigents pouvant faire rectifier assez facilement les actes irréguliers qui établissent leur état civil, les maires sont devenus très-difficultueux et exigent dans maintes circonstances un jugement de rectification ou un jugement tenant lieu d'actes que l'on ne représente pas et que les parties devraient représenter.

Aussi les demandes de rectifications d'actes ou de registres de l'état civil, — dans le cas d'omission d'acte, —

sont-elles devenues très-nombreuses. C'est au Procureur impérial que les indigents s'adressent pour obtenir cette rectification. Après avoir vérifié la régularité des certificats produits, ce magistrat présente au tribunal une requête qui peut être rédigée conformément au modèle ci-dessous, dans lequel, pour éclairer par la théorie ces notions d'utilité pratique, sont visés les articles de loi auxquels il est nécessaire de se reporter :

Nous, Procureur impérial près le Tribunal de première instance séant à.....

Vu les art. 99, 100, 101 du Code Napoléon, 855 et suivants du Code de procédure civile, 75 de la loi du 25 mars 1817, ensemble la loi du 10 décembre 1850, les certificats ci-joints délivrés conformément à icelle, et les pièces produites (1);

Requérons qu'il plaise au Tribunal, sur le rapport qui lui sera fait de l'affaire par un de MM. les juges, commis à cet effet, nous, entendu en nos conclusions, et, en leurs dépositions, les témoins, si aucuns sont appelés (2),

RECTIFIER l'acte de naissance de....., inscrit sur le registre

---

(1) Les pièces produites doivent être les actes de l'état civil régulièrement faits et, autant que possible, à titre de renseignements, les extraits des actes de baptême, de décès ou de mariage inscrits sur le registre de la paroisse.

(2) Quelques auteurs pensent que l'on ne doit pas se borner à une enquête sommaire faite à l'audience. Cette opinion est sans doute la plus conforme aux véritables principes du droit, et il ne faudrait pas hésiter à l'adopter s'il s'agissait d'une rectification ayant pour but d'attribuer au postulant la particule si recherchée de nos jours ; mais, dans ce cas, le Procureur impérial ne présenterait pas lui-même la requête. Et si l'on songe que, lorsque ce magistrat la présente, c'est toujours dans l'intérêt d'indigents sur le point de contracter mariage, on reconnaîtra sans peine qu'il vaut mieux considérer la demande en rectification comme une affaire sommaire réquérant célérité, et éviter aux parties une perte de temps qui pour elles se traduirait en perte de journées de travail.

de la commune de......, à la date du......, irrégulier en ce que......

Ou :

Rectifier le registre des naissances de la commune de......, irrégulier en ce que n'y est pas inscrit d'acte constatant la naissance de......

Dire que le jugement à intervenir tiendra lieu d'acte d..... à.....; ordonner en conséquence qu'il sera transcrit aux deux registres des......, de la commune d......, pour l'année......, et que mention en sera faite en marge de....., pour ledit acte n'être plus délivré que dans cette forme par tous dépositaires.

Le tout sans frais, attendu l'indigence légalement constatée des parties.

Au Parquet, à,..... ce..... 18..

Le Procureur impérial,

Lorsque le jugement est prononcé, le Greffier en fournit un extrait à la partie et, après l'enregistrement de la minute, en remet au Parquet une expédition destinée à être transmise au maire de la commune, sur les registres de laquelle ce jugement doit être transcrit (1).

§ 2. — *Rectifications par suite de changement de nom.*

Lorsqu'un individu a obtenu du Gouvernement (loi du 11 germinal an XI) l'autorisation de changer son nom, en ajoutant, par exemple, à son nom patronymique, celui de

(1) Il arrive souvent que les jeunes gens appelés à faire partie du contingent de l'armée n'ont pas d'acte de naissance. S'ils sont indigents, ils s'adressent au Procureur impérial qui procède comme s'il s'agissait d'un mariage (art. 15 de la loi du 25 mars 1817).

de X....., il doit se pourvoir devant les tribunaux pour faire opérer sur les registres de l'état civil le changement résultant du décret qu'il a obtenu *(Bull. des lois,* 1863, 2° s., p. 80).

On procède, à cet effet, dans les formes ordinaires.

En sollicitant un jugement, la partie ne sollicite, en réalité, que l'exécution du décret impérial. Sa demande doit donc être accueillie, pourvu qu'elle ne la forme qu'après l'expiration d'une année, délai fixé par la loi du 11 germinal an xi (art. 71, tit. 2), pendant lequel toute personne y ayant droit peut former opposition au décret, et que cette demande soit accompagnée d'un certificat du secrétaire général du Conseil d'État constatant qu'aucune opposition n'a eu lieu dans le délai imparti.

Le jugement ordonne que le décret impérial sera transcrit sur les registres de l'état civil de la commune de....., pour l'année courante, et que mention en sera faite en marge de tels et tels actes inscrits sur les registres de la commune de....., pour, lesdits actes, n'être plus désormais délivrés qu'en cette forme (1).

(Jugements du Tribunal de Brest, 7 avril 1864, et du Tribunal de Saint-Amand, 18 nov. 1864; Cour imp. d'Orléans, 27 avril 1866.)

---

(1) On ne doit évidemment demander la rectification que des actes constatant l'état civil de l'impétrant et celui de ses enfants.

SECTION II

HOMOLOGATIONS D'ACTES DE NOTORIÉTÉ

Lorsque l'un des futurs conjoints ne représente pas son acte de naissance, et qu'il lui est impossible pour le moment d'obtenir un jugement qui lui tienne lieu de cet acte, il peut y suppléer par un acte de notoriété dûment homologué par le tribunal de première instance du lieu où doit se célébrer le mariage (1) (art. 70 et suiv., C. Nap.). Cette homologation est, dans l'intérêt des indigents, demandée par le Procureur impérial; à cet effet, ce magistrat présente au Tribunal une requête pour la rédaction de laquelle on peut adopter le modèle que voici :

ACTE DE NOTORIÉTÉ

HOMOLOGATION

A Messieurs les Président et Juges composant le Tribunal civil de première instance séant à.....

Le Procureur Impérial a l'honneur d'exposer :

Que...... est né en la commune d......, le......, du légitime mariage de......;

----

(1) Il vaut mieux pour les parties se pourvoir d'un jugement tenant lieu d'acte de naissance que d'un acte de notoriété : car ce dernier ne peut servir (Toullier, Nᵒˢ 305 et 358) que pour mariage seulement, tandis qu'un jugement peut servir dans toutes les circonstances de la vie. On peut objecter, il est vrai, qu'aux termes de l'article 7 de la loi du 18 décembre 1850, les expéditions des jugements tenant lieu de l'acte de naissance doivent, dans le cas qui nous occupe, mentionner expressément qu'elles sont destinées à servir à la célébration d'un mariage entre indigents, mais cette objection peut être écartée à l'avance en mentionnant dans la requête que l'on procède aussi bien en vertu de la loi de 1817 qu'en vertu de celle de 1850.

Que, désirant contracter mariage à....., dans cet arrondissement, et étant dans l'impossibilité de se procurer son acte de naissance, qui n'a pas été inscrit sur les registres de la susdite commune de......, il produit, pour y suppléer, un acte de notoriété dressé, conformément à la loi, par M. le Juge de paix du canton d......;

Que le susdit acte de notoriété est régulier en la forme et juste au fond;

Pour quoi il requiert qu'il vous plaise :

Vu l'art. 72 du Code Napoléon et la loi du 10 décembre 1850;
Homologuer l'acte de notoriété dont s'agit, et dire que le jugement à intervenir servira pour mariage seulement.

Le tout sans frais, à raison de l'indigence légalement constatée de la partie.

Au Parquet, le......

Le Procureur impérial,

Le jugement prononcé, le greffier en remet à l'impétrant une expédition (1) ou simplement un extrait destiné à l'officier de l'état civil qui doit procéder au mariage pour la célébration duquel ce jugement a été requis.

(1) Il est dû au Greffier 50 c. par rôle pour droit d'expédition et 20 c. pour légalisation. (V. circ. du 24 mai 1861.)

SECTION III

VÉRIFICATION ANNUELLE DES REGISTRES

Tous les ans, dans le courant de janvier, les maires doivent, aux termes de l'article 43 du Code Napoléon, déposer au greffe du tribunal de première instance, l'un des doubles de chacun des registres de l'état civil de leur commune. Ce dépôt a lieu par l'intermédiaire du Procureur impérial qui, aux termes de l'article 53 du même code, est tenu de vérifier lesdits registres et de dresser de sa vérification un procès-verbal sommaire qu'il envoie au Procureur général dans la première quinzaine de mai.

Le but de ce travail est, de la part du ministère public, la dénonciation et la poursuite des contraventions (1), disait M. Siméon devant le Tribunat... Ce qui est écrit est écrit!... Le Parquet ne doit, en effet, requérir de son propre mouvement la rectification des actes de l'état civil que pour en faire retrancher ce qui serait contraire à l'ordre public. Dans le cas où il agit conformément à la loi du 10 décembre 1850, il requiert bien d'office une

---

(1) L'examen du registre des naissances amène quelquefois la découverte du délit de déclaration tardive de naissance, prévu et puni par l'article 346 du Code pénal. Dans ce cas ce sont les personnes qui ont assisté à l'accouchement qu'il faut poursuivre.

rectification mais il ne la requiert, en réalité, que sur la demande des parties intéressées (1).

Une ordonnance, en date du 26 novembre 1823, énumère les principales irrégularités ou omissions que l'on remarque d'habitude dans les actes de l'état civil. La première fois que l'on procède à la vérification dont s'agit, il faut, au préalable, se reporter à cette ordonnance. Du reste on trouve à l'imprimerie administrative de M. Paul Dupont, à Paris, des lettres de vérification, qui facilitent et abrégent de beaucoup le travail du Parquet. Toutes les contraventions y sont signalées, et il suffit d'y noter celles que l'on relève dans tel ou tel registre. Envoyées aux officiers de l'état civil, ces feuilles ont encore l'avantage de mettre sous leurs yeux l'ensemble de toutes les contraventions qu'ils doivent éviter (2).

Au procès-verbal de vérification on doit annexer un tableau comparatif du nombre des actes inscrits sur les registres et du nombre des contraventions relevées sur ces mêmes registres, pour l'année dont les actes ont fait l'objet de la dernière vérification et l'année précédente. Ce tableau est rédigé dans la forme suivante :

(1) Lorsqu'un officier de l'état-civil est décédé avant d'avoir signé les actes par lui dressés, le tribunal peut, sur les réquisitions d'office du ministère public, autoriser le maire actuel à signer ces actes. (V. Gillet, p, 117 et 311 ; jugement du tribunal de St-Amand, 20 avril 1861.)

(2) M. Paul Dupont a fait rédiger avec le plus grand soin ces feuilles de vérification. Nous en donnerons pour preuve cette phrase extraite d'une lettre qu'il nous a écrite le 2 juin 1852 :

« J'ai pris bonne note et je vous remercie de l'amélioration que vous vou-
« lez bien me signaler. Je vais la soumettre au ministère et s'il l'adopte,
« comme je l'espère, je m'empresserai de la réaliser. »

VÉRIFICATION DES ACTES DE L'ÉTAT CIVIL

De l'année 1867

Tableau comparatif des années 1866 et 1867

ANNÉES	NOMBRE DES ACTES				ANNÉES	NOMBRE DES CONTRAVENTIONS				TOTAUX	
	Naissances.	Publications.	Mariages.	Décès.		Naissances.	Publications.	Mariages.	Décès.	des actes.	des Contraventions.

CHAPITRE III

CORRESPONDANCE

SECTION I

FORMULE SALUTATOIRE

L'une des choses les plus simples, et cependant l'une
des plus embarrassantes pour les nouveaux substituts, c'est
de rédiger la formule salutatoire des lettres qu'ils écri-
vent. Pour les inférieurs dans l'ordre hiérarchique, cette
formule est : *Recevez, Monsieur le......, l'assurance de
ma considération distinguée.* Pour les supérieurs et les
égaux, la règle à suivre est très-clairement tracée dans
l'ouvrage de M. de Molènes sur les *Fonctions de procureur du roi*, t. 2, p. 313.

« La *haute*, la *très-haute*, la *plus haute considération* sont le signe d'une supériorité reconnue dans la
personne à laquelle on écrit, mais d'une supériorité sans
dépendance. Le *respect*, le *très-profond respect*, le
plus profond respect sont les mots qui témoignent de
l'infériorité directe et absolue du signataire de la lettre
vis-à-vis de celui à qui elle est adressée. Le signe de l'é-
galité c'est la *considération très-distinguée.* »

Ainsi, en écrivant à Son Exc. le Garde des sceaux, on dira : *Je suis avec un profond respect, Monsieur le Garde des sceaux, de Votre Excellence, le très-humble et très-obéissant serviteur.*

Pour le Procureur général, la formule salutatoire sera : *Je suis avec respect, Monsieur, le Procureur général, votre très-humble et obéissant serviteur.*

En écrivant au Préfet, on se servira de celle-ci : *Agréez, Monsieur le Préfet, l'assurance de ma haute considération.*

Enfin, en écrivant à un Procureur impérial, on fera, selon le poste occupé par le magistrat auquel la lettre doit être adressée, varier, par l'intercalation des mots *très* ou *le plus*, la formule employée d'ordinaire pour les inférieurs.

SECTION II

FRANCHISE

La franchise est l'exemption de taxe accordée à certaines correspondances transportées par la poste et relatives au service de l'État (*Man. des Franchises*, p. 1).

L'ordonnance royale du 17 novembre 1844 est la loi

de la matière; les modifications qui ont pu y être appor-
tées par trait de temps n'en ont pas changé les principes.

1. Les Procureurs impériaux *reçoivent en franchise*,
des lieux situés dans le ressort de leur Parquet et sans
condition de contre-seing, les lettres *fermées* ou *sous
bandes* qui leur sont adressées à raison de leur qualité (1).

2. Ces magistrats ne peuvent, au contraire, expédier
leurs lettres en *franchise*, lors même qu'ils les contre-
signeraient, qu'aux *fonctionnaires* spécialement désignés
par la loi; mais leur droit, à cet égard, n'est pas limité
à leur arrondissement. Ils peuvent notamment envoyer
franches de port, sous condition de contre-seing, les lettres qu'ils adressent à tous les Procureurs impériaux et
Juges de paix de l'Empire. Le *Manuel des Franchises*,
p. 323 et suiv., donne la liste des personnes auxquelles la correspondance de service des Parquets *sous bande*
ou *fermée par nécessité*, et dans les deux cas *contre-
signée*, doit ainsi être remise en franchise. Cette liste
est très-longue. Nous ne croyons pas utile de la reproduire, parce que l'on ne correspond que très-rarement
avec un grand nombre des fonctionnaires qui y sont désignés, et que, dans les cas exceptionnels, on peut, soit
recourir au *Manuel*, soit envoyer sa lettre au Procureur
impérial de l'arrondissement ou au Juge de paix du canton
dans lequel le destinataire exerce ses fonctions, en priant
ces magistrats de la faire parvenir. Nous indiquerons seu-

(1) Il est à remarquer que, sous ce rapport, les Procureurs impériaux sont
privilégiés; ils jouissent, dans l'intérêt public, d'un droit que n'ont pas les
Présidents de Tribunaux et Sous-Préfets.

lement les personnes qui échangent *le plus souvent* des lettres avec le Parquet, et auxquelles celui-ci *adresse* ou desquelles il *reçoit* la correspondance en franchise dans les conditions ci-dessus indiquées, c'est-à-dire *sous bandes* ou *fermée par nécessité* (1), mais, dans les deux cas, CONTRESIGNÉE.

S. Exc. le Garde des sceaux (2) ;

S. Exc. le Ministre de la marine (art. 69, C. pr. civ.) ;

S. Exc. le Ministre des affaires étrangères   *id.*

Grand Chancelier de la Légion d'honneur ;

Procureurs généraux ;

Directeur de la caisse des dépôts et consignations (actes de l'état civil pour la caisse des retraites) ;

Procureurs impériaux, dans toute l'étendue de l'Empire ;

Juges d'instruction,   *id.*

Juges de paix,   *id.*

Directeurs des maisons centrales,   *id.*

Présidents des conseils d'administration des corps militaires, aussi dans toute l'étendue de l'Empire [actes de

(1) Les Procureurs du roi de Belgique et les Procureurs d'État du grand duché du Luxembourg ayant franchise avec les Procureurs impériaux des frontières françaises, Valenciennes, Avesnes, Thionville, etc., c'est par l'intermédiaire de ces magistrats qu'ils correspondent avec leurs collègues de l'intérieur de l'Empire, et réciproquement.

(2) On ne doit, en général, envoyer directement au Ministre que :

Le bordereau mensuel, les demandes de bulletins N° 2, les extraits de jugements en matière d'absence et de succession en déshérence, ainsi que les extraits de jugements prononçant une condamnation contre des militaires, et les copies d'exploit signifiées à des personnes habitant l'Algérie (Circ. du 13 avril 1861). Les rapports et avis de congé délivrés par le Procureur impérial doivent être adressés au Garde des sceaux par la voie hiérarchique, c'est-à-dire par l'intermédiaire du Procureur général.

l'état civil sous bandes (1)], circulaire du 18 juin 1857 ;

Commissaires impériaux et Capitaines rapporteurs près les Conseils de guerre.

Ingénieurs des ponts et chaussées (police du roulage et de la pêche);

Ingénieurs en chef chargés du contrôle des chemins de fer (V. circulaire du 20 juin 1852; état trimestriel);

Préfet du département (spécialement : états de traitement, état trimestriel, art. 601, Cod. inst. crim.);

Commandant de la gendarmerie du département;

Directeur de l'enregistrement   *id.*

Directeur des contributions indirectes   *id.*

Sous-Préfet de l'arrondissement;

Maires   *id.* (2);

Commissaires de police cantonaux de l'arrondissement;

Capitaine de gendarmerie   *id.*

Lieutenant de gendarmerie   *id.*

Chefs des brigades de gendarmerie   *id.*

Receveurs de l'enregistrement   *id.*

---

(1) La bande doit porter cette souscription : *Actes de l'état civil.*

(2) Les Procureurs impériaux près les Cours d'assises out le droit de correspondre en franchise avec tous les maires du département.

SECTION III

DÉPÊCHES TÉLÉGRAPHIQUES

Dans certains cas, il importe soit pour procéder d'urgence à un acte d'information, soit pour se rendre compte de l'opportunité du maintien ou de la cessation de la détention préventive, soit pour la plus prompte et la meilleure exécution des lois sur les flagrants délits et la liberté provisoire, il importe de recourir au mode de correspondance le plus rapide. De là, pour les Procureurs impériaux, la nécessité de correspondre entre eux par le télégraphe (1). Reconnaissant cette nécessité, une circulaire du 10 août 1865 leur donne la franchise télégraphique, mais ils doivent s'abstenir de toute correspondance sous forme de dépêche circulaire (circ. du 6 avril 1866).

(1) Généralement on ne demande ou transmet par cette voie que des renseignements sur les antécédents judiciaires d'un inculpé (Bⁱⁿ Nº 2).

CHAPITRE IV.

DISPENSES POUR MARIAGES

L'homme avant dix-huit ans révolus, la femme avant quinze ans révolus ne peuvent contracter mariage (art. 144, C. Nap.).

En ligne collatérale, le mariage est prohibé entre le frère et la sœur légitimes ou naturels, et les alliés au même degré; l'oncle et la nièce, la tante et le neveu (art. 162 et 163).

Néanmoins, il est loisible à l'Empereur de lever ces prohibitions. Mais Sa Majesté ne peut le faire que pour *causes graves*. Les magistrats, dit une circulaire du 22 octobre 1848, doivent mûrement peser les circonstances avant de proposer une concession ou un rejet dont les bonnes mœurs auraient à souffrir (1). — Lorsque, obéissant à ces prescriptions et à l'aide des renseignements qu'il a recueillis soit auprès du maire de la commune des postulants, soit auprès du juge de paix du canton, le

___

(1) V. Gillet, *Analyse des circulaires*, 2e édit., p. 637; Faure, t. 2, p. 10; de Molènes, t. 2, p. 392; Ortolan, *le Ministère public*, t. 1, p. 159.

Procureur impérial auquel la demande a dû être adressée s'est éclairé sur le mérite d'icelle, il doit la transmettre avec un *rapport* (1) et toutes les *pièces* à l'appui au Ministre de la justice par l'intermédiaire du Procureur général (Circulaire du 28 avril 1832).

Ces pièces à l'appui sont nombreuses, et sommairement indiquées par la circulaire du 28 avril. Nous en donnons la nomenclature en reproduisant l'inventaire d'un dossier de dispenses d'alliance (2) transmis à la Chancellerie. Il pourra servir de guide dans toutes les espèces. Voici, du reste, pour la réunion des divers actes et certificats à produire, la double règle qu'il faut suivre : 1° établir clairement, par les extraits de naissance, de mariage et de décès, le degré de parenté ou d'alliance des parties et leur état civil; — 2° faire connaître leur position de fortune, et celle de leurs père et mère, s'ils existent, pour que le Gouvernement puisse accorder, s'il y a lieu, et si elle est demandée, remise totale ou partielle des droits de sceau (3).

(1) Aux termes de l'art. 2 d'un arrêté du 20 prairial an XI, le Procureur impérial compétent est, dans le cas de dispense de parenté, celui du Tribunal de l'arrondissement dans lequel les impétrants se proposent de contracter mariage, et, dans le cas de dispenses d'âge, celui dans lequel l'impétrant a son domicile. D'après cette loi, il suffisait que ce magistrat mît *son avis* au pied de la pétition; mais le Garde des sceaux demandant un avis motivé, l'usage s'est établi de le donner sous forme de rapport ou de lettre.

(2) Ce cas est celui qui se présente le plus fréquemment.

(3) Si les impétrants ne sont pas dispensés du paiement des droits de sceau, conformément à la loi du 21 avril 1832, art. 1er, le référendaire qu'ils ont choisi, ou qui leur a été désigné d'office, les prévient, dans le cas où leur demande est accueillie, qu'ils aient à lui envoyer directement la somme due, afin que le décret sollicité soit transmis au Parquet de l'arrondissement. *(Dispense d'âge*, 173 fr. 50; *autres dispenses*, 302 fr.).

INVENTAIRE

1° Acte de naissance du conjoint décédé;

2° Acte de naissance du conjoint survivant;

3° Acte de mariage du survivant et de son conjoint décédé;

4° Actes de naissance des enfants nés de ce mariage;

5° Actes de décès de ces enfants s'ils sont morts;

6° Acte de décès du conjoint décédé;

7° Acte de naissance du postulant qui n'a point été engagé dans les liens d'un premier mariage, comme cela arrive le plus souvent, et si ce postulant est lui-même veuf (ou veuve), produire les pièces énumérées ci-dessus;

8° Actes notariés du consentement des père et mère de chacun des postulants ou extraits de leurs actes de décès;

9° Actes notariés du consentement des aïeuls et aïeules de chacun des postulants ou extraits de leurs actes de décès (dans le cas seulement du prédécès des père et mère);

10° *S'il y a lieu*, extraits des actes de naissance et de décès des enfants nés du commerce des postulants;

11° Certificat du Maire du domicile de ces derniers, constatant qu'ils sont libres de tout engagement matrimonial;

12° Certificat du Percepteur constatant les impôts que paient les postulants;

13° Même certificat pour les père et mère de ceux-ci;

14° Certificat du Maire du domicile des postulants, constatant :

A. Le revenu réel de leurs propriétés ;

B. Les impôts dont elles sont grevées ;

C. Les produits de l'industrie ou du travail des postulants ;

D. Les autres ressources possédées à un titre quelconque ;

E. Les charges provenant des enfants ou des ascendants, en ayant soin d'indiquer si ces charges sont compensées, en partie, par le travail de ces derniers ;

F. La position de fortune des père et mère des futurs. (Circ. du 10 juillet 1830).

15° Supplique à Son Exc. le Garde des sceaux signée des deux parties (1) ;

16° Avis motivé du Procureur impérial (2) ;

17° Le présent inventaire.

OBSERVATIONS

A. Les Actes de l'état civil et la supplique doivent être sur timbre à 1 fr. 50 cent., et toutes les autres pièces, sur timbre à 50 cent.

Dans le cas où les parties sont indigentes :

Pour être admises au bénéfice de la loi du 10 décembre 1850, et pour pouvoir fournir, sur papier libre, les pièces énoncées ci-dessus, elles devront justifier d'un certificat d'indigence, délivré par le Commissaire de po-

____

(1) Si les postulants ne savent pas signer le maire de leur commune signe pour eux et sa signature est légalisée par le Sous-Préfet.

(2) V. infrà p. 40

lice, ou par le Maire dans les communes où il n'existe pas de Commissaire de police, sur le vu d'un extrait du rôle des contributions constatant qu'elles paient moins de dix francs, ou d'un certificat du Percepteur de leur commune portant qu'elles ne sont point imposées. Le certificat d'indigence sera visé et approuvé par le Juge de Paix du canton, qui déclarera avoir, *personnelle-ment* (1) connaissance de l'état d'indigence. Il sera fait mention dans le visa de l'extrait du rôle ou du certificat négatif du Percepteur.

B. La signature des postulants doit être légalisée par le Maire, et, sur tous les certificats, celle du Maire par le Sous-Préfet.

Il arrive souvent que les actes de l'état civil produits par les postulants sont irréguliers, ou que les parties sont dans l'impossibilité de se procurer les actes de décès de leurs aïeux. Dans cette double hypothèse, s'il est trop onéreux pour les parties d'obtenir un jugement de rectifi-cation tenant lieu pour leurs aïeux d'actes de décès, on peut adresser à la chancellerie le dossier tel qu'il est, mais à la condition de mentionner les irrégularités qui existent ou les actes qui manquent, irrégularités que l'on cou-vrira et actes que l'on remplacera lors de la célébration par les formalités que prescrivent d'employer les avis du Conseil d'État des 10-30 mars 1808, et 27 messidor-4 thermidor an XIII (2).

(1) Décision du 26 avril 1856.

(2) Si les parties sont dans l'impossibilité de produire les actes de décès de leurs aïeux, il leur suffira de produire une déclaration sous serment dressée conformément à l'avis du Conseil d'État du 4 therm. an XIII. (Décision du 16 nov. 1849).

Telles sont les pièces à produire pour l'obtention des dispenses.

Lorsque le décret qui lève les prohibitions portées par les articles 144, 162 et suivants du C. Nap. parvient au Parquet, on procède ainsi (art. V de l'arrêté du 20 prairial an XI) :

Le décret portant la dispense d'âge ou celle dans les degrés prohibés, est, à la diligence du Procureur impérial (1), et en vertu d'ordonnance du Président, transcrit au Greffe du Tribunal civil de l'arrondissement dans lequel le mariage doit être célébré (2). Une expédition de ce décret dans laquelle mention est faite de la transcription, est remise par le Greffier au Procureur impérial qui la transmet à l'officier de l'état civil pour que celui-ci l'annexe à l'acte de célébration; quant à ce décret lui-même, il est remis aux impétrants avec cette mention à la suite :

Le Greffier du Tribunal de.... certifie que le décret d'autre part a été transcrit au Greffe dudit Tribunal sur le registre à ce destiné pour y avoir recours au besoin.

Bien que nous ne voulions pas faire ici de théorie nous terminerons ces explications en transcrivant une

---

(1) Voir modèle de réquisitoire, p. 49.

(2) Aux termes de l'art. 1er, § 7 et 14, et de l'art. 3, § 2 et 3 du décret du 24 mai 1851, le coût de la transcription dont s'agit, payable au Greffe, est de 7 fr. 35 cent. qui se décompose ainsi :

Timbre de l'ordonnance	1	50
Enregistrement de l'ordonnance	3	60
Timbre et état du répertoire	»	25
Timbre de transcription du décret	»	50
Droit de transcription	1	50

lettre de M. le Procureur général de Bourges s'expliquant sur une question qui lui avait été soumise. Cela rompra la monotomie de ces articles de *procédure administrative*.

« Vous me consultez sur le point de savoir si des dispenses d'alliance sont nécessaires à un homme, veuf sans enfants, pour contracter mariage avec la sœur de la femme qu'il a perdue. Vos doutes se fondent sur ce que l'alliance peut être considérée comme ayant cessé d'exister à défaut de postérité issue du mariage (1).

« Il est bien vrai que le décès de l'un des conjoints sans enfants modifie dans une certaine mesure les droits et les devoirs résultant de l'alliance par rapport au conjoint survivant, en ce qui touche, par exemple, l'obligation des aliments envers les ascendants du conjoint décédé. Mais cette absence de descendants ne saurait infirmer en rien la valeur des motifs qui ont déterminé le législateur à subordonner, dans tous les cas, des beaux-frères et belles-sœurs à l'octroi au préalable de dispenses. Une grande familiarité s'établit souvent entre ceux-ci, surtout quand ils vivent sous le même toit. Elle pourrait, dit une circulaire ministérielle de 1848, entraîner à des excès funestes, si l'on comptait sur la possibilité d'un mariage plus ou moins éloigné; il est indispensable d'étouffer d'aussi coupables espérances. Ces dangers existent incontestablement, quelque soit, ou puisse être, dans l'avenir, l'état de famille des beaux-frères et belles-

_____

(1) V. Gillet, p. 107. — Un homme et une femme, veufs du frère et de la sœur, peuvent se marier sans dispenses. L'affinité ne produit pas l'affinité (Décision du 14 mars 1817).

sœurs : dès que cette qualité s'est formée entre eux, naît comme conséquence l'obstacle dressé par la loi contre leur futur mariage. Pour faire disparaître cet obstacle, il est donc indispensable de s'adresser au pouvoir qui a reçu mission de le lever.

Conformément à ces prescriptions, le Procureur impérial transmit les pièces à la Chancellerie, et un décret fut rendu qui, accordant les dispenses demandées, confirma l'opinion de M. le Procureur général.

RAPPORT

Monsieur le Garde des Sceaux,

J'ai l'honneur de transmettre à Votre Excellence, avec toutes les pièces à l'appui (1), une supplique par laquelle le sieur Pierre Bastat, veuf de Louise Laudat, et la demoiselle Marie Laudat, demeurant à....., dans cet arrondissement, sollicitent des dispenses d'alliance à l'effet de contracter mariage.

J'estime qu'il y a lieu d'accueillir favorablement cette demande.

Le sieur Bastat est né à....., arrondissement de....., le 6 novembre 1831. Il s'est marié le 16 mars 1859 avec la demoiselle Louise Laudat. De ce mariage sont issus deux enfants : Marie, née le 16 mai 1860, et Michel, né le 17 avril 1865, décédé le

(1) Aux termes de la circulaire du 6 août 1861, il faut, en tête et en marge de ce rapport, ainsi que sur la chemise du dossier, mettre ces indications :

DIRECTION DES AFFAIRES CIVILES ET DU SCEAU
Deuxième Bureau
Dispense d'âge, de parenté ou d'alliance.

même jour. Louise Laudat est elle-même décédée le 4 mai 1865, et le postulant est ainsi resté veuf avec une petite fille âgée aujourd'hui de six ans.

Marie Laudat, n'a jamais été mariée, elle est née le 5 novembre 1849. Elle était donc fort jeune à l'époque de la mort de sa sœur, et depuis ce temps-là elle a toujours habité chez son grand père (son père et sa mère étant morts tous les deux), de sorte qu'on ne peut pas supposer qu'une liaison illicite soit antérieure, soit postérieure au premier mariage de Baslat, puisse être la cause de la demande que forment aujourd'hui les postulants (1). Cette demande se justifie par d'autres motifs, Pierre Baslat, qui est maréchal-ferrant et n'a d'autres ressources que son état, consacre tout son temps au travail. Il voudrait une femme qui donnât des soins à sa petite fille. Dans ce choix toujours si difficile d'une seconde mère pour son enfant, il ne saurait mieux faire que de s'unir à sa jeune belle-sœur dont il a pu, depuis plusieurs années, étudier les habitudes et apprécier les qualités. — Marie Laudat, âgée de 17 ans seulement, n'ayant plus que son grand père, vieillard de 82 ans dont la mort peut, d'un moment à l'autre, la laisser seule au monde, désire, de son côté, assurer son sort pour l'avenir en épousant son beau-frère dont la conduite et le caractère lui sont connus : le grand-père lui-même sera heureux avant de mourir de confier son enfant à Pierre Baslat. Aucune objection sérieuse ne me paraît donc pouvoir être présentée contre ce projet d'union : la différence d'âge entre les postulants est, il est vrai, considérable, puisque Baslat a 34 ans, et que Marie Laudat n'en a pas encore 17 ; mais cette circonstance ne constitue pas une difficulté essentielle et

(1) Lorsque de blâmables relations ont existé entre les postulants, la Chancellerie exige que, pour réparer le scandale de leur conduite et donner à la morale publique une juste satisfaction, ils opèrent entre eux une séparation préalable qui doit avoir lieu dans deux communes distinctes, et se prolonger jusqu'à la célébration du mariage. Si après avoir, autant qu'il leur est possible, satisfait à cette épreuve et effectué leur séparation, les postulants persistent dans leur demande, il y est fait droit sur un nouveau rapport du Procureur Impérial.

les mariages entre personnes d'âges aussi différents, ne sont pas rares dans les campagnes.

En résumé les postulants sollicitent les dispenses nécessaires pour contracter mariage en se fondant sur ces motifs :

Que l'union projetée consacre des affections nées de rapport de famille.

Qu'elle assure, dès à présent, le sort de Marie Laudat, et offre toute sécurité pour son avenir.

Enfin qu'elle est contractée dans l'intérêt de l'enfant né du premier mariage.

Pierre Bastat et Marie Laudat demandent à être dispensés du paiement intégral des droits du sceau. Leur position me paraît mériter cette faveur. Il résulte, en effet, des pièces produites que le postulant ne possède rien, qu'il n'a d'autres ressources que son travail et sa profession de maréchal-ferrant. Quant à la postulante, son grand-père, il est vrai, jouit d'une certaine aisance, mais elle n'a pour le moment rien en propre, et la part qu'elle recueillera dans la succession de son aïeul sera assez minime, celui-ci ayant cinq enfants qui tous ou sont vivants ou ont laissé eux-mêmes des descendants. Les postulants ont dû, pour la production des actes ci-joints, débourser déjà une somme assez importante, et leur position, actuellement fort précaire, paraît mériter qu'on les dispense d'acquitter de plus un droit onéreux.

Divers irrégularités existent dans les pièces produites :

1° L'acte de naissance de la première femme du postulant et son acte de mariage la désignent sous le nom de Louise Laudat, tandis que dans son acte de décès ainsi que dans les actes de naissance de ses enfants Marie Bastat et Michel Bastat, et dans l'acte de décès de celui-ci, elle est inscrite sous le nom de Catherine Laudat. C'est évidemment une erreur commise dans la rédaction de ces derniers actes. Pour éviter les frais de jugement de rectification, les parties et les autres témoins, affirmeront sous serment conformément à l'avis du Conseil d'État du 30 mars 1808, que Catherine Laudat était identiquement la même que Louise Laudat;

2° Le nom de la mère de la postulante est écrit tantôt *Lovelly* comme dans son acte de décès, tantôt *Lourelly* comme dans l'acte de naissance de sa fille Marie, tantôt *Lorelli* comme dans l'acte de mariage de Pierre Baslal; enfin dans ce dernier acte on lui donne seulement le prénom de Christine, tandis que dans tous les autres elle est prénommée Marie-Christine. L'avis du Conseil d'État sus-énoncé permet encore de suppléer à cette irrégularité.

Je suis avec un profond respect, etc.

RÉQUISITOIRE

Nous, Procureur impérial près le Tribunal de première instance séant à....

Vu le décret rendu le......, par Sa Majesté, et portant dispenses d'alliance en faveur du sieur Pierre Baslal, qui se propose de contracter mariage avec la demoiselle Marie Laudat, sa belle-sœur, devant l'officier de l'état civil de la commune d......, en cet arrondissement;

Vu l'article 5 de l'arrêté du 20 prairial an XI (1).

REQUÉRONS qu'il plaise à monsieur le Président du Tribunal ordonner l'enregistrement au Greffe dudit décret, pour qu'expédition en soit ensuite transmise à l'officier de l'état civil, et l'original remis à l'impétrant.

Au Parquet, à......, le.....

Le Procureur impérial,

____

(1) L'art. 3 de cet arrêté est relatif aux dispenses, fort rarement demandées du reste, de la seconde publication de bans.

CHAPITRE V

ENVOIS PÉRIODIQUES REÇUS AU PARQUET

SECTION I

ENVOIS FAITS PAR L'ENREGISTREMENT

§ I

Pour faciliter l'exécution de l'art. 88, C. proc. civ.,
une circulaire du 18 janvier 1838 a prescrit aux Receveurs de l'enregistrement de dresser, tous les mois, pour
leur canton, le relevé des mentions de non-comparution
consignées sur les registres des bureaux de paix pendant
le mois précédent.

Ils envoient ce relevé au directeur de leur département, qui le transmet au Procureur impérial. — Ce
magistrat est ainsi mis à même de requérir contre le
non-comparant, lorsque l'affaire est appelée à l'audience,
l'amende édictée par la loi.

On a objecté contre cette mesure qu'il était impossible
aux membres du Parquet de retenir les noms de tous les
non-comparants en conciliation. A cela il est une réponse
qu'enseigne la pratique, c'est de *relever tous ces noms
par ordre alphabétique sur un registre spécial.*

Quelque insuffisante, du reste, que soit la mesure

ajoutée à celle recommandée par l'art. 88, c'est une
précaution de plus contre l'entêtement ou la mauvaise
foi des plaideurs. Et il est moins difficile au Parquet de
tenir un registre que de prendre communication de tous
les dossiers, ce qu'il faudrait faire pour savoir si l'original ou la copie de la citation en conciliation, lorsque
ce préliminaire a été tenté, porte ou ne porte pas une
mention de non-comparution.

Mais cette discussion est sans intérêt pratique, quant
à présent du moins. Tous les mois le relevé qui nous
occupe est transmis au Parquet, conformément au modèle ci-joint. C'est au Procureur impérial qui le reçoit à
en faire usage au mieux des intérêts de la Loi qu'il représente.

DÉPARTEMENT
d

BUREAU
d

Mois d

ADMINISTRATION DE L'ENREGISTREMENT ET DES DOMAINES

*RELEVÉ des mentions de non-comparution consignées
pendant le mois d...... 18.. sur les registres des
bureaux de paix, dans le ressort du bureau de
l'enregistrement d......*

N° D'ORDRE du présent.	DÉNOMINATION du Bureau de paix.	DATE de la mention sur le registre du greffe.	NOMS ET DOMICILES		INDICATION de celle des parties qui n'a point comparu en conciliation.
			du demandeur	du défendeur	

Certifié véritable par le Receveur de l'enregistrement
et des domaines, soussigné.

A   le   18

§ II

Tous les mois, aux termes de l'art. 4 de l'ordonnance du 28 nov. 1838, les Receveurs de l'enregistrement réunissent en un seul état, dressé en double expédition, tous les frais urgents (V. art. 134 du décret du 18 juin 1811) qu'ils ont acquittés sur simples taxes ou mandats du juge pendant le mois précédent. Ils en adressent une expédition au Directeur de l'enregistrement dans chaque département avec les taxes à l'appui, et ils envoient la seconde au Procureur impérial, pour qu'elle soit transmise par ce magistrat au ministère de la justice.

Cet envoi de l'enregistrement a lieu dans la forme suivante : — On distingue entre les indemnités de témoins et les autres frais urgents, et l'on dresse deux états séparés :

Frais de Justice Criminelle
——
FRAIS URGENTS
——
Mois d   18
M.
receveur de l'enregistrement

1° *ÉTAT des sommes payées aux témoins pendant le mois d..... 18..., par le Receveur de l'enregistrement d..... département d.....*

N° DES TAXES	JOURS	KILOMÈTRES parcours retour compris	Jours de séjour	Jours de séjour forcé	MONTANT de chaque taxe	NOMBRE de taxes	PRODUITS
(1)							

Je soussigné, receveur de l'enregistrem', certifie véritable le présent état, montant à la somme de.....

A   le   18

(1) Mettre par exemple 100 à 110.

Frais de Justice Criminelle

FRAIS URGENTS

Mois d   18

M,

receveur de l'enregistrement

2° *ÉTAT des frais urgents, autre que les in-demnités de témoins et jurés, payés sur simple taxe, pendant le mois d..... 18.., par le Receveur de l'enregistrement d..... département d.....*

N°s. des pièces	NATURE DES FRAIS	NOMS, QUALITÉS ET DEMEURES des parties prenantes	MONTANT des taxes

Je soussigné, receveur de l'enregistrem¹, certifie véritable le présent état, montant à la somme de.....

A   le   18

§ III

Dans les premiers jours de chaque trimestre, le Directeur de l'enregistrement transmet au Parquet les états *des condamnés dont l'insolvabilité a été constatée par les Receveurs pendant le trimestre précédent, et contre lesquels la contrainte par corps peut être exercée.*

Nous consacrerons un article spécial à cet envoi, que nous ne mentionnons ici que pour ordre.

§ IV

Tous les trois mois, ou tous les six mois, les Receveurs de l'enregistrement adressent au Procureur impérial, dans la forme suivante, un état des procès-verbaux des

faits délictueux enregistrés pendant le dernier trimestre
ou semestre, et sur lesquels il n'est, pendant ce laps de
temps, intervenu aucune décision judiciaire.

BUREAU ADMINISTRATION DE L'ENREGISTREMENT ET DES DOMAINES
d ——
(1)
d 18

*RELEVÉ adressé à M. le Procureur Impérial près le
Tribunal civil d..... des procès-verbaux de délits
enregistrés pendant le......(1) d...... 18.., sur
lesquels il n'est jusqu'à ce jour intervenu aucun jugement.*

N° d'ordre	DATE des procès-verbaux	DATE de l'enregistrement	NOM qualité et résidence du fonctionnaire qui a rédigé le procès-verbal	NOMS prénoms profession et résidence des Contrevenants	NATURE des délits ou contraventions indic. précise	OBSERVATIONS

Le présent état est certifié par le Receveur de
l'enregistrement soussigné.

A le 18

Par la lecture de cet état, le Procureur impérial peut
se rendre compte de la manière dont est faite la police
dans l'arrondissement, et il peut demander aux Juges de
paix, Maires ou Commissaires de police pourquoi suite
n'a pas été donnée à tel ou tel procès-verbal.

(1) Trimestre ou semestre.

SECTION II

ENVOI FAIT PAR LA GENDARMERIE

C'est dans le même but que l'art. 497 du décret du 1er mars 1854 prescrit aux Commandants de gendarmerie de l'arrondissement d'adresser, les 1er et 18 de chaque mois, au Procureur impérial, un état sommaire des contraventions de simple police, avec l'indication du fonctionnaire auquel la remise du procès-verbal a été faite.

* LÉGION

COMPAGNIE
d

ARRONDISSEMENT
d

GENDARMERIE IMPÉRIALE

ÉTAT des contraventions constatées par les brigades de l'arrondissement pendant la..... quinzaine du mois d..... 18..

BRIGADES qui ont rédigé les procès-verbaux	DATE DES procès-verbaux	NOMS profession et domicile des contrevenants	NATURE DES contraventions	AUTORITÉS auxquelles les procès-verbaux ont été adressés

A le 18

Le . . . . . . commandant l'arrondissement,

CHAPITRE VI

ENVOIS PÉRIODIQUES DU PARQUET

Les Parquets ont à faire de nombreux envois périodiques, mais *nulle part, ou peu s'en faut, il n'y a de règle fixe en cette matière*, dit avec raison M. Vente (1); aussi nous bornerons-nous à donner la nomenclature des états ou procès-verbaux qu'il est d'usage de transmettre dans le ressort de la Cour impériale de Bourges.

Ils se divisent en :

Envois
- hebdomadaire.
- de quinzaine.
- mensuels.
- trimestriels.
- annuels.

Les envois hebdomadaire et de quinzaine sont adressés au Procureur général.

(1) *Manuel des envois périodiques et non périodiques.* — Cette diversité tient à la multiplicité des envois. Que par exemple l'on omette plusieurs années de suite l'envoi de l'état (presque toujours négatif) des sommes consignées par les parties civiles (art. 5 ord. du 28 juin 1832), cette ordonnance tombera (et, dans beaucoup de Parquets, est tombée) en désuétude.

Parmi les envois mensuels, les uns sont adressés au Procureur général, un l'est au Garde des sceaux, un autre au Préfet.

Des envois trimestriels, les uns sont adressés au Procureur général et un l'est au Préfet.

Les envois annuels enfin sont tous adressés au Procureur général.

SECTION I

NOTICE HEBDOMADAIRE

Aux termes de l'article 249 du Code d'instruction criminelle, le Procureur impérial doit envoyer, tous les huit jours au Procureur général, une notice de toutes les affaires criminelles et de police correctionnelle (1) qui sont survenues dans la semaine.

Cet envoi a lieu les 8, 16, 24 et dernier jour de chaque mois.

Un modèle, auquel on doit évidemment se conformer pour suivre les usages du ressort auquel on appartient. existe dans chaque Parquet. D'abord exclusivement des-

---

(1) La loi ajoute : *ou de simple police*, mais les affaires de cette nature ne sont pas généralement transmises au Parquet, et, lorsque cela a lieu, elles sont envoyées immédiatement au magistrat compétent. Il n'est pas plus utile de les faire figurer sur la notice qu'il n'est utile d'y faire figurer les procès-verbaux sans suite.

tinée à faire connaître au Procureur général les nouvelles affaires survenues dans la huitaine, puis à lui rappeler les affaires non terminées, la notice doit aujourd'hui, depuis une circulaire du 1er juin 1855, rendre compte, au moyen d'une ou de plusieurs colonnes ajoutées à celle qui doit contenir le rappel des affaires non terminées, des actes auxquels le Juge d'instruction a procédé dans la semaine, ou des motifs de son inaction dans cette période.

SECTION II

BULLETINS N° 1

ENVOIS DE QUINZAINE

Tous les quinze jours on doit envoyer au Procureur général les extraits de jugements de condamnation devenus définitifs. L'envoi de ces extraits, désignés aujourd'hui sous le nom de BULLETINS N° 1, est prescrit par l'article 198 du Code d'instruction criminelle et la circulaire du 6 novembre 1850. Ils sont vérifiés avec un soin très-scrupuleux au Parquet de la Cour, puis transmis par le Procureur général au Procureur impérial de l'arrondissement dans la circonscription duquel se trouve le lieu de naissance des condamnés. Aussitôt après leur réception le Procureur impérial doit déposer au Greffe, où ils sont classés par ordre alphabétique, ces bulletins N° 1, dont l'ensemble compose le *casier judiciaire* : l'extrait de ce casier ou le relevé, pour chaque individu, de toutes les condamnations qui ont été prononcées contre lui, se nomme bulletin N° 2. On fait au Greffe ce relevé sur la demande des Procureurs impériaux qui doivent en annexer un à leurs dossiers de poursuite, lors même que ce bulletin N° 2 est négatif. Tous les mois enfin le Greffier vérifie, sous la surveillance du Procureur impérial, le casier judiciaire et procès-verbal de cette vérification est, par ce magistrat, transmis à M. le Procureur général, comme nous le verrons, ci-dessous, p. 60 et 61.

SECTION III

ENVOIS MENSUELS

Ainsi que nous l'avons dit ci-dessus, des nombreux envois mensuels faits par les Parquets, les uns sont adressés au Procureur général, un autre, dans la première quinzaine, au Garde des sceaux, et un autre enfin, le dernier jour de chaque mois, au Préfet du département.

§ I. — *Envois au Procureur général*

1° Relevé du registre de pointes (1) (art. 11, décret du 30 mars 1808).

2° Procès-verbal de vérification des registres de la maison d'arrêt (art. 120 C. P.; 608, 609 C. inst. crim.)

3° Procès-verbal de vérification des registres des Greffes des Justices de paix. (V., ci-dessus, p. 12.)

4° Procès-verbal de vérification des minutes du Greffe du Tribunal (art. 140 C. pr. civ.)

5° Procès-verbal de vérification du casier judiciaire.

6° État des congés. (V., ci-dessus, p. 7.)

7° d° de situation de la maison d'arrêt (circ. du 6 pluviôse, an III).

8° État des interdictions de communiquer (art. 613 C. inst. crim., circulaire du 14 octobre 1853).

9° État des condamnations pour faits politiques (circ. du 18 février 1858).

10° Liste des individus placés sous la surveillance de la haute police (circ. du 6 décembre 1810, § 15).

11° Relevé des avertissements. (V., ci-dessus, p. 10.)

Cet état n'est pas et ne peut pas toujours être envoyé en même temps que les dix premiers.

(1) Ce registre est destiné à constater la présence des magistrats à l'audience. Son origine remonte aux réformes opérées dans l'organisation judiciaire par le chancelier Maupeou (édit de 1771). On *pointait* les conseillers absents, et une partie proportionnelle de leurs gages était dévolue à leurs collègues plus assidus. On passait à Messieurs des enquêtes quatre-vingts *piques* par an.

Presque tous ces états ou procès-verbaux sont rédigés au Greffe, et lorsqu'ils sont remis au Parquet il n'y manque que la signature du Procureur impérial.

Sont rédigés au Greffe, les N°° 1, 4, 5, 6, 8, 9 et 10.

Le N° 7 est fourni par le gardien chef de la maison d'arrêt.

Nous avons donné ci-dessus, p. 10 et 12, un modèle des N°° 3 et 11.

Reste le procès-verbal N° 2, qui peut être rédigé dans cette forme :

TRIBUNAL
d

PARQUET
De Procur' Impérial

Mois d   18

PROCÈS-VERBAL

De Vérification des Registres de la maison d'arrêt.

Nous, Procureur impérial près le tribunal de première Instance
d . . . .

Agissant en exécution de la circulaire ministérielle du 29 juillet 1822,

Avons procédé à la vérification des Registres de la Maison d'Arrêt et avons reconnu qu'ils sont régulièrement tenus (1).

Fait au Parquet, à . . . . . , le . . . . . 18 . .

Le Procureur impérial,

(1) L'art. 55, t. XIII de l'ordonnance de 1670 était ainsi conçu : « Nos Procureurs et ceux des Seigneurs seront tenus de visiter leurs prisons une fois chacune semaine, pour y recevoir les plaintes des prisonniers, » — et un arrêt de règlement du Parlement de Paris, en date du 18 juin 1717, prescrivait (art. 58), au Procureur général du roi ou aux Substituts, par lui commis, de fréquentes visites dans les prisons, notamment avant les fêtes de Noël, Pâques, Pentecôte et Notre-Dame d'août.

§ II. — *Envoi au Garde des Sceaux*

Cet envoi est celui de Bordereau mensuel; nous lui consacrerons plus loin un chapitre spécial.

§ III. — *Envoi au Préfet*

Tous les mois, le dernier jour, on doit envoyer au Préfet, en triple expédilon, les États des sommes à payer (1) aux Magistrats du tribunal de première instance, aux Juges de paix et aux Greffiers de l'arrondissement pour leur traitement pendant le mois (2). Ces états sont rédigés au Greffe.

(1) « Peut-être en viendra-t-on quelque jour à penser que l'autorité administrative doit rester aussi étrangère aux traitements des magistrats de l'ordre judiciaire, qu'aux frais de justice criminelle. » De Molènes, t. 2, p. 151.

(2) On sait qu'autrefois le traitement des magistrats se divisait en *gages* et *épices*. « Un receveur a plus de gages que six conseillers au Parlement, » disait la Roche-Flavin. Supprimées en 1771, lors de la réforme du chancelier Maupeou qui, pour cette raison, augmenta les gages, les épices furent rétablies en 1775, puis définitivement supprimées à la révolution.

Un édit du mois de mars 1673 défendait de taxer aucunes épices aux Juges et Officiers du ministère public sur les requêtes de l'une des parties sans ouïr l'autre. Le préambule de cet édit est digne de remarque : « Louis, etc., salut. La justice devant être rendue gratuitement, l'usage des siècles précédents a néanmoins introduit en faveur des Juges quelques rétributions au-delà des gages que nous leur avons accordés, dont nous avons intention de nous charger à l'avenir, lorsque l'état de nos affaires le permettra ; cependant, nous avons résolu d'y pourvoir par un tempérament convenable. »

SECTION IV

ENVOIS TRIMESTRIELS

§ I. — *Envois au Procureur Général*

1° Procès-verbal de vérification du registre des recettes des Grefliers do Justice de paix. (V., ci-dessus, p. 13);

2° État des condamnés à l'emprisonnement par les Tribunaux de simple police. (V., ci-dessus, p. 15);

3° Dans les dix premiers jours de chaque trimestre (janvier, avril, juillet et octobre), extrait, délivré par le Greffier, du registre des ordres, tenu au Greffe du tribunal. (Circulaire du 10 mai 1859.)

4° Enfin, dans les derniers jours des mois d'avril, juin, septembre et décembre, on doit adresser au Procureur Général un rapport sur la situation morale, politique et économique de l'arrondissement (1).

« Le ministère public n'est étranger à rien de ce qui est utile à l'ordre public, » a écrit de la Chalotais dans son *Essai d'éducation nationale* (2).

---

(1) Circulaire du 11 mars 1859.

(2) Tous les trois mois, le Parquet reçoit de l'Administration des ponts-et-chaussées, et, par l'intermédiaire du Procureur général, de l'Ingénieur du contrôle des chemins de fer, un état sur lequel il consigne, avant de le retourner à qui le lui a transmis, la suite qui a été donnée aux procès-verbaux constatant des délits de pêche ou des contraventions à la police des chemins de fer.

§ II. — *Envoi au Préfet*

Dans les premiers jours de chaque trimestre, on adresse au Préfet un extrait du registre tenu au Greffe en exécution de l'article 600 du C. d'inst. crim. Cet état est transmis par le Préfet au Ministre de l'intérieur. Aux termes de la circulaire du 6 novembre 1830, modifiant en ce point l'article 600 du C. d'inst. crim., un double de cet état n'est plus envoyé au Garde des sceaux.

———

SECTION V

ENVOIS ANNUELS

Les envois annuels sont tous adressés au Procureur général. Nous en avons déjà indiqué quelques-uns, mais nous les indiquons encore ici pour que notre nomenclature soit complète. Nous reviendrons plus loin, du reste, sur ceux d'entre eux qui présentent le plus d'importance.

1° Dans la seconde quinzaine de septembre :

A. États statistiques rédigés au Greffe et destinés à la rédaction de la mercuriale. (V., ci-dessus., p. 19.)

B. Extrait du registre des notifications tenu au Parquet (1);

(1) V., ci-dessous, ch. IX, s. II.

2° Dans la première huitaine de novembre, procès-verbal de rentrée (rédigé au Greffe);

3° A la même époque, délibération du tribunal relative à l'exercice de la plaidoirie (rédigé au Greffe);

4° A la même époque, tableau de l'ordre des avocats et procès-verbal relatif à l'élection du bâtonnier (fourni par le secrétaire de l'ordre);

5° Dans la seconde quinzaine de novembre, rapport sur la confection des listes du jury. (V., ci-dessus, p. 16.);

6° Dans la première quinzaine de février, compte-rendu de l'administration de la justice criminelle; état des récidives (1);

7° Dans la première quinzaine d'avril, compte-rendu de l'administration de la justice civile et commerciale, états des ordres, des contributions et des ventes judiciaires (2).

(1) Le mot *récidive* n'est pas pris ici dans son sens légal, celui qui résulte des dispositions des articles 56 et suivants du Code Pénal. On doit, en effet, inscrire sur l'état dont s'agit tous les *repris* de justice traduits dans l'année devant le tribunal correctionnel, lors-même qu'antérieurement ils n'auraient été condamnés qu'à l'amende. — Le cadre de cet état est envoyé par la chancellerie. (V., ci-dessus, p. 23).

(2) Pour que le Greffier puisse dresser cet état, il est nécessaire que dans le courant de Janvier les notaires lui adressent, par l'intermédiaire du Parquet, le tableau des ventes qui ont eu lieu devant eux pendant l'année du compte, que ces ventes leur aient été renvoyées par le tribunal dans le courant de l'année qui vient d'expirer ou antérieurement.

CHAPITRE VII

EXPLOITS NOTIFIÉS AU PARQUET

Les exploits d'huissier qui, notifiés au Parquet, nécessitent son intervention se divisent en deux catégories :

1° Ceux dont copie est *remise* au Procureur impérial pour qu'il la fasse parvenir, dans les cas fort rares où cela est possible (1), à la personne qu'elle intéresse;

2° Ceux dont la copie est *signifiée* à ce magistrat pour qu'il ait à requérir, s'il y a lieu, l'inscription d'une hypothèque légale.

§ 1

Dans la première catégorie doivent être classées :

Les copies d'exploit signifiées à ceux qui n'ont aucun domicile ni résidence connus en France (C. de pr. civ., art. 69, § 8);

(1) V. De Molènes, *des Fonctions de Procureur du roi*, t. 2, p. 258 : « Les notifications faites au Procureur du roi pour les personnes qui n'ont pas de domicile connu en France, sont presque toujours inutiles. »

Les copies de protêt de perquisition (C. comm., art. 173; décret des 13-26 mars 1848; Persil, *de la Lettre de change*, p. 389) (1);

Enfin les copies d'exploit signifiées à ceux qui habitent le territoire français hors du continent, ou à ceux qui sont établis à l'étranger (C. pr. civ., art. 69, § 9).

Quand le domicile ou la résidence du destinataire de la copie remise au Procureur impérial ne sont pas connus, ce magistrat se borne d'habitude à classer cette pièce au Parquet.

Lorsque le destinataire de cette copie habite l'Algérie, le Procureur impérial doit envoyer cette pièce au Garde des sceaux (Circ. du 13 avril 1861). C'est au Ministre de la marine ou à celui des affaires étrangères qu'il faut l'adresser, si le destinataire est établi aux colonies françaises ou à l'étranger. Une circulaire du 28 avril 1865, pour éviter aux bureaux du ministère des affaires étrangères, toute perte de temps dans le classement et l'expédition des actes judiciaires transmis par les Parquets, exige : 1° qu'on indique dans les lettres d'envoi des actes dont il s'agit, le nom du destinataire, le lieu de sa résidence et le nom de la personne à la requête de laquelle la signification est faite; 2° que l'on place les actes selon leur rang d'inscription, que l'on mette sur chacun d'eux, en tête et à l'encre rouge, le nom et la demeure du destinataire, et enfin qu'on les attache par un cordon à la lettre d'envoi (2).

Les Ministres font savoir au Parquet quelle suite a été

(1) V., pour la tenue du registre de la transcription des protêts, la circulaire du 14 février 1867.

(2) V. Circ. du 6 août 1861.

donnée à son envoi. Ils lui transmettent soit le récépissé du destinataire, soit un certificat des autorités locales constatant que ce dernier n'a pu être trouvé au domicile indiqué.

Dans ces différentes hypothèses , comme dans les suivantes, le Procureur impérial doit viser l'original de l'acte dont copie lui est remise ou signifiée.

§ II

Les actes signifiés au Procureur impérial pour que ce magistrat ait à requérir, s'il y a lieu, une inscription d'hypothèque légale, sont signifiés soit en vertu de l'art. 2194, C. N., soit en vertu de l'art. 692, C. pr. civ.

ARTICLE 2194, C. NAP.

A défaut par les maris, tuteurs et subrogés tuteurs de faire inscrire les hypothèques légales frappant sur leurs immeubles du chef de leur femme ou de leurs mineurs, cette obligation est imposée par l'art. 2138, C. Nap., au Procureur impérial près le tribunal de première instance du domicile des maris et tuteurs, ou du lieu de la situation des biens. Mais il n'est pas, dit M. Troplong (1), un Procureur impérial qui songe à l'exécution de cet article.

Quoi qu'il en soit, puisque ce magistrat a le droit et que même il est de son devoir de requérir une inscription lorsque l'immeuble est entre les mains du débiteur éventuel, on devait, pour être conséquent, lui prescrire d'en requérir

(1) *Des Privil. et Hypoth.*, t. 2, p. 519; t. 4, p. 282, 3e éd.

une, dans un délai déterminé, lorsque la première n'existe pas et que l'immeuble est sorti des mains du mari ou tuteur. C'est pour cela que l'art. 2194, C. Nap., veut que, pour purger les hypothèques légales, un acquéreur signifie au Procureur impérial le dépôt qu'il a fait au Greffe de son contrat d'acquisition. Pendant deux mois doit rester affiché dans l'auditoire du tribunal un extrait de ce contrat, et pendant ce délai le Procureur impérial est recevable à requérir une inscription. Mais il en est de celle-ci comme de l'autre; les officiers du Parquet ne la requiert pas. Ils classent (1) et, selon moi avec raison, sans s'en occuper davantage, l'acte qui leur a été signifié par l'huissier, pour les mettre à même de prendre une inscription dont l'utilité ne leur est jamais démontrée.

ART. 692, C. PR. CIV.

(Loi du 21 mai 1858. — Cicul. du 2 mai 1859, p. 13)(2)

En matière de saisie immobilière, dans les huit jours au plus tard, après le dépôt au greffe du cahier des charges, sommation d'en prendre communication est faite à la femme du saisi, aux femmes des précédents propriétaires, au subrogé tuteur des mineurs ou interdits ou aux mineurs devenus majeurs, si, dans l'un ou l'autre cas, les mariage et tutelle sont connus du poursuivant d'après son titre. Cette sommation contient, en outre, l'avertissement que, pour conserver les hypothèques lé-

(1) V. Dalloz, v° *Privilège*, N° 2246.
(2) V. *Journal du Ministère Public*, art. 200, t. 2, p. 270.

gales sur l'immeuble exproprié, il est nécessaire de les faire inscrire avant la transcription du jugement d'adjudication; et copie, dit l'art. 692, en est notifiée au Procureur impérial de l'arrondissement où les biens sont situés, lequel est *tenu* de requérir l'inscription des hypothèques légales existant du fait du saisi sur les biens compris dans la saisie (1).

A cet effet, le Procureur impérial rédige et transmet au Conservateur des hypothèques deux bordereaux (art. 2148, C. Nap.), conformes au modèle donné par la circulaire du 2 mai, p. 37, et inscrit la date de cet envoi sur un registre particulier dont un modèle est également annexé à la circulaire précitée, p. 41. Il doit agir dès que l'existence de la femme, du mineur ou de l'interdit lui est révélée par la notification.

Comme dans tous les bordereaux, le Procureur impérial, dans ceux qu'il rédige, élit domicile pour l'incapable dans un lieu quelconque de l'arrondissement du bureau. Si cet incapable habite hors de cet arrondissement, domicile est nécessairement élu au pour lui au Parquet. Dans le cas contraire, il vaut mieux que domicile soit élu dans la demeure même du bénéficiaire de l'inscription; la raison en est que les actes qui, par suite de l'existence de cette inscription, doivent être signifiés au domicile élu, n'étant pas alors déposés au Parquet, le Procureur impérial n'a pas à se préoccuper de les faire parvenir à la personne dans l'intérêt de laquelle il a pris une inscription toujours *inutile*.

Je souligne ce mot, car ces inscriptions ne conservent

____

(1) V. art. 124 et 125 du décret du 10 juin 1811.

jamais que des droits qui n'existent pas ou des droits déjà conservés. Pour les prendre, on n'a aucun renseignement utile. Elles sont illimitées, sans base, et rien ne peut en faire préjuger l'importance. Le seul résultat de la mise en pratique de l'art. 692, C. pr. civ., est de diminuer, par des frais frustatoires, le gage des créanciers. Voici, en effet, la série des actes que nécessite toujours la nouvelle loi :

1° *Dénonciation* au Procureur impérial de la sommation signifiée à l'incapable (1);

2° *Inscription;*

3° En cas de vente sur conversion, *notification* aux créanciers inscrits (art, 2183, C. Nap.);

4° *Chargement* de lettres de convocation (art. 751, C. pr. civ.);

5° *Sommation* de produire à l'ordre, s'il n'intervient pas de règlement à l'amiable (art. 753, C. pr. civ.).

Si les inscriptions d'office conservaient quelquefois les droits des incapables, ces actes ne seraient certainement pas à regretter, mais en réalité ils ne conservent jamais, je le répète, que des intérêts garantis ou des intérêts qui n'existent pas. On peut, touchant cet art. 692, répéter ce que M. de Molènes disait sur l'art. 2194, C. N. :

« La loi ne peut pas exiger que le Procureur du roi fasse des recherches dans les affaires de famille, pour découvrir si les mineurs ou les femmes mariés ont des intérêts à conserver sur les biens vendus. Il y aurait im-

(1) Se fondant sur les termes, — trop vagues, il faut en convenir, — de l'art. 692, les avoués notifient quelquefois au Parquet les sommations faites aux créanciers. C'est au juge taxateur qu'il incombe de mettre un terme à ces frais frustatoires.

possibilité d'obtenir les justifications qui ne seraient pas volontairement produites. Le Procureur du roi qui a le droit de prendre une inscription d'office n'a pas le pouvoir d'en donner mainlevée; de sorte que le mal qu'il cause par une inscription légèrement prise ne peut pas être réparé par lui. Il faut pour la mainlevée un jugement qui entraîne des retards et des frais. »

CHAPITRE VIII

EXPLOITS SIGNIFIÉS AUX GENDARMES

Dans le courant de décembre 1863, un huissier commis entra dans une caserne de gendarmerie, pour signifier à l'un des hommes de la brigade un jugement par défaut qui condamnait ce militaire au paiement d'une certaine somme d'argent au profit d'un de ses créanciers. Plainte fut portée au Procureur impérial de l'arrondissement par le Commandant de gendarmerie. Cette plainte était motivée sur ce que l'huissier s'était introduit dans un établissement militaire sans autorisation. Après renseignements pris, elle fut retirée. L'officier ministériel ignorait les prescriptions d'une circulaire du ministre de la guerre aux Chefs de légions de gendarmerie, relative aux formalités que doivent remplir les huissiers lorsqu'ils ont à exercer leur ministère dans une caserne de gendarmerie.

Cette circulaire, en date du 6 novembre 1855, est ainsi conçue :

« Colonel, j'ai été consulté sur la question de savoir si un huissier peut s'introduire dans une caserne de gendarmerie, pour y exercer les poursuites qui ressortissent à son ministère.

« Aux termes de l'art. 12 du règlement du 17 août 1824, les

personnes étrangères à l'armée ne peuvent pénétrer dans les bâtiments militaires, sans une permission de l'autorité militaire.

« En conséquence, pour pénétrer dans une caserne de gendarmerie, tout officier ministériel doit préalablement demander un permis au Commandant de la compagnie de gendarmerie. Avant de déférer à la demande, le Commandant de gendarmerie aura le soin de s'entourer des renseignements nécessaires, afin de s'assurer que la saisie peut avoir un résultat utile, et que ce n'est pas un prétexte pour troubler un établissement militaire ou reconnaître ses dispositions intérieures.

« L'officier ministériel, une fois muni de ladite permission, aura entrée dans la caserne pour signifier tous actes et même procéder à la saisie des effets mobiliers appartenant au gendarme débiteur, à l'exception, toutefois, de ceux déclarés insaisissables par l'article 592 du Code de procédure.

« Donnez des inscriptions dans ce sens à vos subordonnés.

« Le Ministre secrétaire d'État de la guerre,

Signé : « VAILLANT. »

CHAPITRE IX

HYPOTHÈQUES

SECTION I

CAUTIONNEMENT ET SERMENT

DU CONSERVATEUR

Aux termes de la loi du 22 vent. an VII, relative à l'organisation de la conservation des hypothèques, chaque Conservateur est tenu, avant d'entrer en exercice :

1° De faire enregistrer sa commission au Greffe du tribunal civil de l'arrondissement dans lequel il doit remplir les fonctions qui lui sont confiées, et de prêter le serment prescrit par l'article 14 de la Constitution ainsi que celui de s'acquitter de sa charge avec fidélité et exactitude.

2° De fournir un cautionnement en immeubles.

Le cautionnement sera reçu, dit l'art. 5, par le tribunal civil de la situation des biens contradictoirement avec le Procureur impérial, et, ajoute l'art. 6, le préposé déposera dans le mois de l'enregistrement de sa

commission uno expédition do la réception do ce cautionnement (1) au Greffe du tribunal civil de l'arrondissement de sa conservation.

La loi de ventôse n'indiquant pas qu'elle est la procédure à suivre, on a adopté la marche la plus simple. Le
Conservateur présente, par l'intermédiaire d'un avoué,
une requête au tribunal, qui statue après avoir entendu
le ministère public.

Nous donnons, pour fixer les idées en cette matière,
un modèle de la requête et du jugement qui déclare suffisant le cautionnement offert.

REQUÊTE

A Messieurs les Président et Juges composant le tribunal civil
de première instance séant à . . . . .

    Monsieur . . . . ., Conservateur des hypothèques à la
résidence de . . . . ., lequel a prêté serment en cette qualité
le . . . . .

A l'honneur d'exposer :

Qu'aux termes de l'art. 5 de la loi du 21 vent. an VII, il doit
fournir un cautionnement en immeubles, et que ce cautionnement doit être de la valeur de 40,000 fr.; — Que, suivant un
acte reçu M* . . . . ., notaire à . . . . ., en présence de témoins, le . . . . ., enregistré, M . . . . . s'est rendu et constitué caution solidaire de l'exposant jusqu'à concurrence de ladite somme de 40,000 fr. et pour raison des faits de l'exposant
dans l'exercice de ses fonctions de Conservateur, avec hypothèque spéciale sur le domaine de . . . . ., situé à . . . . ., avec
toutes ses dépendances désignées audit acte; — Que l'immeuble
donné en cautionnement par M . . . . . est d'une valeur bien

---

(1) Le chiffre du cautionnement varie entre 20,000 fr., 50,000 fr. et
100,000 fr. (V. art. 11 de la loi).

supérieure à ladite somme de 40,000 fr.; qu'au surplus, il est libre de toute hypothèque inscrite, suivant un certificat délivré le . . . . ., par M. le Conservateur des hypothèques de. . . . .;

Pourquoi il vous plaira, Messieurs, vu ledit art. 5 de la loi du 21 vent. an VII, recevoir le cautionnement en immeubles contenu en l'acte sus-énoncé, et ce sera justice.

A . . . . . le . . . . .

JUGEMENT

Ouï l'exposé fait par M⁰ . . . ., avoué, ensemble M. le Procureur impérial en ses conclusions;

Vu la requête présentée par M . . . et signée dudit M⁰ . . ., son avoué; — Vu l'art. 5 de la loi du 21 vent. an VII; — Vu l'acte de cautionnement et le certificat délivré par le Conservateur des hypothèques de l'arrondissement de . . . . ., énoncé en la requête du susdit;

La cause a présenté à juger la question de savoir si c'est le cas de recevoir le cautionnement proposé.

Considérant qu'il résulte de renseignements fournis, et notamment d'un bail constatant les fermages du domaine affecté au cautionnement, que cette propriété est d'une valeur excédant 40,000 fr.; — Que le certificat délivré par le Conservateur des hypothèques atteste que ce domaine n'est grevé d'aucune hypothèque inscrite; — Que . . . . (énonciation de faits établissant qu'il ne peut exister aucune hypothèque légale sur la propriété affectée au cautionnement dont il s'agit); — Par ces motifs, le tribunal jugeant en matière sommaire et en premier ressort, reçoit comme suffisant le cautionnement souscrit en immeubles par . . . . ., suivant acte passé devant M⁰ . . ., notaire à . . ., en présence de témoins, le . . . . ., enregistré, etc.

SECTION II

REGISTRE DES NOTIFICATIONS

Nous avons vu ci-dessus, p. 70, que le Procureur impérial doit faire mention sur un registre particulier des inscriptions d'hypothèques légales par lui requises en vertu de l'article 692 du Code de procédure.

Sur ce registre, prescrit par la circulaire du 2 mai 1859, p. 14, on doit porter, conformément au modèle donné par la circulaire elle-même, p. 41, le numéro d'ordre de la réception de la copie, la date des notifications, le nom du saisissant et de son avoué, la date du dépôt de l'enchère, le nom du saisi, l'arrondissement de la situation des biens saisis et les diligences faites.

Tous les ans on doit adresser le relevé exact de ce registre au Procureur général à l'époque où doivent parvenir à ce haut magistrat les documents destinés à la mercuriale (circ. du Pr Gal, Bourges, 10 mai 1859).

CHAPITRE X

INSTITUTEUR LIBRE

Aux termes de l'art. 27 de la loi du 15 mars 1850, tout Instituteur qui veut ouvrir une école libre doit préalablement déclarer son intention au Maire de la commune où il veut s'établir, lui désiguer le local, et lui donner l'indication des lieux où il a résidé et des professions qu'il a exercées pendant les dix années précédentes. Cette déclaration est consignée sur un registre spécial tenu à cet effet dans chaque mairie (art. 1er du décret du 7 octobre 1850); elle doit être accompagnée :

1° De l'acte de naissance de l'instituteur;

2° De son brevet de capacité ou titre équivalent (art. 25 et 49 de la loi du 15 mars 1850).

Dans les trois jours, le Maire, après avoir visité ou fait visiter le local destiné à l'école, est tenu de délivrer gratuitement à l'Instituteur, en triple expédition, une copie légalisée de sa déclaration.

L'une de ces expéditions est *remise par l'Instituteur au Procureur impérial, lequel en délivre récépissé.*

Ce magistrat doit s'enquérir des antécédents de l'Instituteur, et, s'il juge qu'il y aurait danger à lui confier des enfants, porter *plainte* au Recteur (art. 28, loi du 15 mars 1850), qui, sur cette plainte, peut former opposition à l'ouverture de l'école.

Pour fixer les idées en cette matière, nous transcrivons :

1° L'expédition d'une déclaration faite à une mairie et transmise au Parquet de l'arrondissement;

2° La lettre de transmission.

Quant au récépissé, il est si facile de le rédiger qu'il nous paraît inutile d'en donner un modèle.

1° DÉCLARATION

COMMUNE DE

EXTRAIT *du registre destiné à recevoir les déclarations des Instituteurs qui veulent établir des écoles libres, conformément à l'art. 27 de la loi du 15 mars 1850 et à l'art. 1er du décret du 7 oct. 1850.*

L'an mil huit cent soixante- . . . , le . . . . .
En la mairie de la ville de . . . ., et devant nous . . . . ., Maire,
S'est présenté M. . . . ., demeurant à . . . . ;
Lequel nous a exposé, qu'il a le projet d'ouvrir un externat libre en cette commune, rue de . . . . ., dans un local qui réunit les conditions désirables d'étendue et de salubrité.
Pour se conformer à l'art. 27 de la loi du 15 mars 1850, le comparant a déclaré qu'il a passé les dix dernières années à . . ., où il exerçait la profession de . . . . .

Et a déposé à la mairie son acte de naissance en date à . . . .,
ainsi que le brevet de capacité à lui délivré le . . . .

Après lecture faite, M . . . . . a signé avec nous.

Le Maire :

(SIGNATURES).

2° LETTRE DE TRANSMISSION

Monsieur le Procureur impérial,

J'ai l'honneur de vous adresser ci-joint une copie légalisée de
ma déclaration à M. le Maire de . . . . ., relative à une école
libre que j'ai l'intention d'ouvrir dans sa commune. Veuillez
avoir l'obligeance de m'en accuser réception.

Agréez, etc.

CHAPITRE XI

DES JUGEMENTS PAR DÉFAUT

Les jugements par défaut que prononcent les tribunaux de police correctionnelle doivent, si les parties condamnées n'y acquiescent pas, être signifiés par huissier (1). Cette signification, qui fait courir contre les
condamnés les délais d'opposition et d'appel (art. 187 et
203, C. inst. crim.), a lieu à la requête du Procureur
impérial, lorsque le jugement porte peine d'emprisonnement, d'amende ou de confiscation. Elle doit être,
en outre, faite assez promptement pour que le jugement étant devenu définitif au respect du condamné,
faute d'opposition ou d'appel de sa part, le bulletin N° 1
puisse être transmis au Procureur général dans le délai
de deux mois à compter du jour de la prononciation du
jugement (art. 205, C. inst. crim.). S'il en était autrement, on empêcherait ce haut magistrat de pouvoir
exercer son droit d'appel.

(1) Les jugements contradictoires ne sont jamais signifiés, ils sont, après
le délai d'appel, exécutés sur simples extraits délivrés par le Greffier au Procureur impérial ou au Receveur d'enregistrement.

Lorsque le jugement a été signifié (1), si le Procureur impérial a pris une expédition au greffe, il doit, après avoir accompli tous les actes de son ministère, envoyer cette expédition (art. 62 du décret du 18 juin 1811) au Receveur de l'enregistrement du chef-lieu d'arrondissement, chargé ou de recouvrer lui-même les condamnations pécuniaires ou de transmettre la pièce dont s'agit à celui de ses collègues chargé du recouvrement. Si, au contraire, l'officier du ministère public n'a pas demandé d'expédition, la signification doit être faite par l'huissier sur la minute du jugement (art. 70 du décret du 18 juin 1811, circulaire du 16 août 1813); et, après les délais d'opposition et d'appel, le Greffier transmet au Receveur de l'enregistrement un simple extrait visé du Procureur impérial comme doivent l'être tous les extraits de jugements (art. 57 du tarif). Le décret de 1811 ne dit pas quand le ministère public doit ou ne doit pas demander au Greffe une expédition des jugements à signifier; mais l'usage, sanctionné par les circulaires, est de ne pas lever les jugements qui doivent être signifiés par les huissiers résidents dans les villes où siége le tribunal. Ces officiers ministériels prennent au Greffe, et sans déplacement, copie de la minute.

(1) La signification, à la requête du ministère public, d'un jugement par défaut, fait courir le délai d'opposition et d'appel au profit de la partie civile qui peut, en conséquence, opposer au condamné la tardivité d'un appel interjeté à son égard. (Cour imp. de Bourges, 1er février 1866).

CHAPITRE XII

LETTRE CHARGÉE

Lorsque le destinataire d'une lettre chargée la refuse, il a la faculté de faire connaître, dans une déclaration écrite, les motifs de son refus. Si ce refus est fondé sur le soupçon que la lettre chargée n'est *pas intacte* ou que les cachets *ont été violés*, la lettre refusée et la déclaration doivent être immédiatement déposées entre les mains du Procureur impérial, pour qu'il soit procédé à une instruction sur la prévention soulevée par le destinataire.

Dans le cas où la lettre refusée n'est pas distribuable au siége du ressort d'un tribunal, le préposé doit l'adresser, sous chargement d'office, au receveur du bureau où le tribunal est établi, et c'est à ce receveur qu'il appartient d'effectuer entre les mains du Procureur impérial le dépôt de la lettre et de la déclaration du destinataire.

(V. circ. de l'administration des postes, n° 135, § 31 et suiv.)

CHAPITRE XIII

NOTAIRE HONORAIRE

Aux termes de l'art. 29 de l'ordonnance du 4 janvier 1843, le titre de notaire honoraire peut être conféré par S. M. l'Empereur, sur la *proposition* de la Chambre et le rapport du Garde des Sceaux, aux Notaires qui ont exercé leurs fonctions pendant vingt années consécutives.

Les pièces à produire sont :

1° Une expédition de la délibération de la Chambre (1);

2° La supplique du postulant (2)

3° Le rapport du Procureur impérial au Ministre de la justice.

Ces pièces réunies, on en forme un dossier que l'on termine par un inventaire, et on l'adresse à Son Excellence par l'intermédiaire du Procureur général, en ayant soin de se conformer aux prescriptions de la circulaire du 6 août 1861.

(1) La signature du secrétaire de la Chambre doit-être légalisée par le Président du tribunal.

(2) La signature du postulant doit être légalisée par le Maire et celle du Maire par le Sous-Préfet.

La rédaction de ces diverses pièces ne présente aucune difficulté. Cependant, la délibération de la Chambre est quelquefois irrégulière, en ce que l'on y mentionne que *le postulant l'a provoquée*. La proposition pour l'honorariat devant être spontanée de la part des Chambres, il faut, pour se conformer à la loi, ne pas faire connaître que cette proposition a été sollicitée. — Ce n'est là, du reste, qu'une question de procédure, une formule contre laquelle il est, par conséquent, sans intérêt de protester et qu'il faut adopter pour que le dossier ne soit pas retourné au Parquet de première instance.

Ce n'est là, dis-je, qu'une question de formule : car, en réalité, la proposition est toujours sollicitée (1), et il ne peut pas en être autrement. Si le notaire qui désire l'honorariat ne faisait pas de démarches auprès de ses anciens collègues, ceux-ci ne connaîtraient pas son intention, et, dans la crainte qu'il ne refusât l'honneur qu'ils voudraient obtenir pour lui, ils ne le proposeraient pas.

En général, d'ailleurs, les hommes recherchent des titres et ne les attendent pas ; quelques-uns s'exposeraient à attendre trop longtemps et beaucoup à attendre toujours.

INVENTAIRE DES PIÈCES DU DOSSIER

1. Délibération de la chambre des notaires.
2. Supplique.
3. Rapport.
4. Le présent inventaire.

(1) V. *Dictionnaire du Notariat*, t. VI, p. 425, V° *Honoraire (notaire)*, N° 31.

DIRECTION
Des Affaires civiles et du Sceau
—
3ᵉ Bureau
―――――――――
NOMINATION
D'UN NOTAIRE HONORAIRE

RAPPORT

Monsieur le Garde des Sceaux,

J'ai l'honneur de transmettre à Votre Excellence une supplique par laquelle M. Louis, ancien notaire à . . . . ., sollicite le titre de notaire honoraire.

M. Louis a été nommé notaire à la résidence de cette ville par ordonnance du 4 avril 1843. Il a prêté serment le 20 du même mois, et n'a été remplacé que le 4 juin 1863, date de la prestation de serment de son successeur, nommé par décret du 23 mai précédent. Le postulant a donc, comme l'exige l'article 29 de l'ordonnance du 4 janvier 1843, pour que le titre qu'il sollicite soit conféré, exercé ses fonctions pendant vingt années consécutives.

Il les a exercées très-honorablement.

Pendant dix ans, ses confrères l'ont élu membre et dignitaire de la chambre de discipline.

Il a été :

Secrétaire du . . . . au . . . . .

Syndic   du . . . . au . . . . .

Président du . . . . au . . . . .

Dans ces circonstances j'estime qu'il y a lieu d'accueillir favorablement la supplique de M. Louis.

Je suis avec un profond respect, etc.

CHAPITRE XIV

MAISONS D'ALIÉNÉS

Aux termes de l'article 4 de la loi du 30 juin 1838, les établissements consacrés aux aliénés doivent être visités par le Procureur impérial de l'arrondissement, à des jours indéterminés, une fois au moins par trimestre, s'il s'agit d'un établissement privé, et une fois au moins par semestre, s'il s'agit d'un établissement public.

Pour que le Parquet puisse faire utilement les visites qui lui sont prescrites et veiller à l'observation de la loi (art. 41), le Préfet doit, dans le délai de trois jours, notifier administrativement les noms, profession et domicile, tant de la personne placée que de celle qui aura demandé le placement, et les causes du placement : 1° au Procureur impérial de l'arrondissement du domicile de la personne placée; 2° au Procureur impérial de l'arrondissement de la situation de l'établissement (art. 10, 18, 19, 21 et 22 de la loi précitée).

Par la même raison, les Procureurs impériaux doivent être avisés de tous les ordres de sortie (art. 20 de ladite loi).

Ces communications ont lieu soit sous forme de lettre, soit sous forme de bulletins. Exemples :

<table>
<tr><td>1re DIVISION
—
BUREAU
—
SECTION
—
N°

Avis du placement du nommé.....dans un asile d'a-liénés.</td><td>1

PRÉFECTURE DE POLICE
—

Paris, le   18</td></tr>
</table>

Monsieur le Procureur impérial,

En exécution de l'art. 10 de la loi du 30 juin 1838 sur les aliénés, j'ai l'honneur de vous informer que le nommé . . . . . âgé de . . . ans, né à . . . . . ., demeurant à . . . . . ., a été placé, le . . . . dans l'asile d . . . ., pour y être traité d'aliénation mentale, maladie attestée par le docteur . . . .

Son admission a eu lieu sur la demande de . . . . .

Agréez, Monsieur le Procureur impérial, l'assurance de ma considération distinguée.

Le Préfet de Police,

2

BULLETIN d   *d'un Aliéné, dressé en exécution de la Circulaire Ministérielle du 5 juillet 1859.*

NOMS ET PRÉNOMS de la PERSONNE PLACÉE	PROFESSION	AGE	DOMICILE	DATE DE L'ORDRE de placement	ÉTABLISSEMENT dans lequel CE PLACEMENT a été effectué	PERSONNES par lesquelles il aura été demandé ET MOTIFS qui ont déterminé à l'ordonner	NATURE ET CAUSES de L'ALIÉNATION

OBSERVATIONS

MOTIFS DE LA SORTIE

Fait à . . . ., le . . . . 18 . .

Le Préfet d . . . ,

Monsieur le Procureur impérial à . . . .

CHAPITRE XV

PAIEMENT DE LA PRIME EN MATIÈRE DE CHASSE

Aux termes des art. 10 et 19 de la loi du 3 mai 1844 et des art. 1 et 2 de l'ordonnance du 5 mai 1845, une gratification de 8, 15 ou 25 fr. pour chaque amende prononcée est accordée aux gendarmes et gardes qui constatent des infractions à la loi sur la police de la chasse.

Très-souvent les gardes nouvellement assermentés s'adressent au Parquet pour savoir comment ils toucheront la prime qui leur est accordée. Il importe donc qu'on puisse répondre à la question posée.

Le garde se fait délivrer par le Greffier du tribunal, auquel il est dû pour son salaire 25 cent., un extrait sur papier libre du jugement de condamnation. Il présente cet extrait au Procureur impérial qui le vise, puis il le transmet par l'intermédiaire du Receveur de l'enregistrement de sa localité au Directeur du département, et le

Directeur délivre sur la caisse du Receveur un mandat au nom du garde (1).

Quant aux gendarmes, ils transmettent, en les accompagnant d'un mémoire, les extraits do jugements, visés par le Procureur impérial, au trésorier do leur compagnie qui fait les démarches nécessaires.

(1) Vuarnier, *Traité de la manutention des employés de l'enregistrement*, Nos 5308 et suiv.

CHAPITRE XVI

DES PIÈCES D'APPEL

Les articles 203 et suivants du Code d'instruction criminelle disent à qui appartient la faculté d'appeler des jugements rendus en matière correctionnelle, et dans quelle forme doit être faite et constatée la déclaration d'appel (1). Ce n'est pas sur les difficultés théoriques auxquelles peut donner lieu l'application de ces articles que nous voulons nous expliquer, nous ne voulons parler que de la mise en pratique du droit d'appel telle qu'elle a été réglée par les circulaires.

Supposons donc un jugement rendu. Un appel est interjeté. Doit-il être reçu sans frais? A la requête de quelle partie doit être délivrée par le Greffier l'expédition de l'acte d'appel, des notes sommaires et du jugement?

Cette expédition doit-elle être faite sur timbre ou sur papier libre?

(1) V. Berriat-Saint-Prix, *des Tribunaux correctionnels*, t. 2, p. 428 et suivantes.

A qui incombe le soin do transmettre le dossier au Procureur général?

Telles sont les questions quo nous allons étudier.

Aux termes de l'article 207 du Code d'instruction criminelle, c'est par le Procureur impéral près le tribunal de première instance que les pièces doivent être envoyées au Greffe de la Cour, par l'intermédiaire, bien entendu, du Procureur général.

Voilà le principe, voyons-en l'application (1).

A. Lorsque le Procureur impérial est partie principale, que ce soit ce magistrat ou le condamné qui interjette appel, c'est au Parquet qu'il appartient de transmettre *son* dossier et par conséquent la déclaration d'appel et les autres pièces dont l'expédition est nécessaire sont visées pour timbre et enregistrées en débet (2). Si cependant il y avait une partie civile en cause, comme elle serait, en cette qualité, obligée de faire l'avance des frais (art. 157 du décret du 18 juin 1861), ces pièces, bien que leur transmission appartienne au Procureur impérial, devraient être enregistrées au comptant et délivrées sur timbre, excepté dans deux circonstances :

1° Si la partie condamnée et appelante du jugement de condamnation était emprisonnée. Par une faveur spéciale on n'a pas voulu retarder pour une question de frais la solution d'un procès intéressant la liberté individuelle ;

2° Si le Procureur impérial, les fonds consignés par

(1) V. circulaires du 9 avril 1861 et du 5 décembre 1861 ; V. *Journal du Ministère public*, circulaires, p. 58 et 59.

(2) Dans les deux cas, l'affaire vient à la Cour sur citation donnée à la requête du Procureur général.

la partie civile se trouvant épuisés, prenait des réquisitions écrites pour que les actes dont s'agit fussent délivrés gratuitement.

B. Lorsque le Procureur impérial n'a été que partie jointe, c'est-à-dire lorsque le tribunal a été saisi *directement* par la partie civile, l'appel est interjeté, ou par le prévenu, condamné en première instance, ou par la partie civile, ou par le Parquet dans l'intérêt de la vindicte publique :

1° Si l'appel est interjeté par le Procureur impérial le jugement doit être enregistré en débet et les pièces délivrées sur papier visé pour timbre (1);

2° Si cette faculté est exercée par la partie condamnée et, ce qui arrive quelquefois, qu'elle ne suive pas sur son appel, le Procureur général a incontestablement le droit (2), dans l'intérêt de la répression, de se faire délivrer au Greffe une expédition, visée pour timbre et enregistrée en débet, du jugement, des notes sommaires et de l'acte d'appel.

Dans le cas où, au contraire, la partie condamnée suit sur son appel, aucun acte ne peut être délivré sur papier libre et enregistré en débet; mais dans ce cas à qui appartiennent ces pièces? Le Greffier les remettra-t-il à la partie ou au Procureur impérial pour que ce magistrat les envoie au Procureur général?

(1) On sait que, dans l'usage, la partie civile qui cite directement devant le tribunal ne consigne pas à l'avance la somme nécessaire pour les frais de la procédure (cassation, 4 mai 1833).

(2) Il faut remarquer que, du moment où une déclaration d'appel a été faite au Greffe, l'envoi tardif des pièces à la cour ne peut pas entraîner de déchéance contre la partie appelante (cassation 11 janvier 1817).

Il les remettra à la partie appelante sauf le droit du Procureur général, si elle ne suit pas, à suivre lui-même et à se faire adresser sur papier libre et enregistrées en débet toutes pièces nécessaires à cet effet;

3° Lorsqu'enfin c'est la partie civile qui, dans son intérêt, interjette appel, les pièces, évidemment, ne sauraient être délivrées sans frais et elles lui sont remises.

Il arrive souvent qu'après son appel une partie civile ne suit pas. Le ministère public doit alors, si pour son compte il a accepté le jugement, s'abstenir de toute intervention, parce qu'il n'a point intérêt à intervenir.

Lorsque les pièces sont remises au Procureur impérial, ce magistrat veille à ce que le dossier contienne un état de frais, un état des pièces à conviction et un inventaire dressés conformément aux modèles ci-dessous :

1

ÉTAT des frais occasionnés par la procédure dirigée contre le nommé Pierre, inculpé de violences et de voies de fait.

1° Dépens liquidés par le jugement.	» »»
2° Coût du jugement de condamnation	» »»
3° Grosse du même jugement.	» »»
4° Coût de l'acte d'appel du prévenu	1 55 (1)
5° Expédition dudit acte	1 70 (2)
6° Droit de poste.	12 »» (3)

TOTAL . . . . »» »»

Fait et dressé au Greffe du Tribunal le . . . . . .18. .

(1) Ce droit se décompose ainsi : timbre, 40 c., enregistrement, 1 fr. 15 c.

(2) d° d° timbre, 1 fr. 50 c., droit du Greffe, demi rôle, 20 c.

(3) V. art. 18, 1. du 5 mai 1855.

2

ÉTAT des pièces à conviction dans l'affaire dirigée contre le nommé Pierre, prévenu de violences et de voies de fait (1).

1° Deux bâtons;

2° Un paquet renfermant une blouse, un mouchoir, un chapeau et une chemise.

Fait et dressé au Greffe du Tribunal à . . . le . . . 18 . .

Le Commis-Greffier,

3

INVENTAIRE des pièces de procédure dirigée contre le nommé Pierre, prévenu de violences et de voies de fait.

1. Liasse des pièces de forme (2).
2. Lettre du Maire de . . . .
3.   d°   Commissaire de . . . .
4.   d°   Juge de paix de . . . .
5. Procès-verbal de la gendarmerie.
6. Réquisitoire afin d'information.
7. Procès-verbal de constat.
8. Interrogatoire de l'inculpé.

(1) C'est par erreur qu'à la page précédente, ligne 17, en titre, a été écrit le mot *inculpé*, c'est *prévenu* qu'il faut lire. En effet, l'individu poursuivi est désigné sous la qualification d'*inculpé* tant qu'il n'est pas renvoyé en police correctionnelle par une ordonnance du juge d'instruction (art. 128, 129, 130 du code d'instruction criminelle), ou qu'il n'a pas été cité directement, soit par la partie publique, soit par la partie civile (art. 182), après cette ordonnance ou cette citation, il n'est plus *inculpé*, il est *prévenu* (art. 190).

(2) Il faut classer parmi les pièces de forme les originaux de citation à témoins, les commissions rogatoires, les mandats de comparution, les procès-verbaux d'arrestation, les ordres de conduite, etc. Du reste, on ne peut pas donner à cet égard de règle positive, car il peut se faire que, pour l'intelligence de l'instruction, on ait besoin de consulter soit une commission rogatoire, soit un procès-verbal d'arrestation ou toute autre pièce.

9. Déposition du témoin X.
10.   d°   d°
11.   d°   d°
12. Procès-verbal d'arrestation du prévenu.
13. Réquisitoire final et ordonnance à la suite.
14. Bulletin N° 2 du casier judiciaire.
15. Citation au prévenu.
16. Notes sommaires d'audience.
17. Grosse du jugement de condamnation.
18. Expédition de l'acte d'appel.
19. Etat des frais.
20. Etat des pièces à conviction.
21. Le présent inventaire (1).

Fait et dressé au Greffe du Tribunal à . . . .

(1) Il faut, autant que possible, classer les pièces par ordre de date. Si cependant, pour que la procédure soit plus facilement compilse, un autre ordre est préférable, c'est ce dernier qu'il faut choisir, mais on doit alors, dans la lettre d'envoi au Procureur général, expliquer le classement qu'on a adopté.

CHAPITRE XVII

RECOURS EN GRACE

Lorsqu'un condamné en police correctionnelle a, par un recours en grâce, fait appel à la clémence du chef de l'État, ce recours en grâce est le plus souvent renvoyé, par l'intermédiaire du Procureur général ou Procureur impérial près le tribunal qui a prononcé la condamnation. Cette communication qui indique, de la part du Garde des sceaux, l'intention de provoquer ultérieurement, s'il y a lieu, un acte de clémence en faveur du suppliant, emporte forcément l'obligation pour le magistrat consulté de surseoir et faire surseoir jusqu'à nouvel ordre à l'exécution de la condamnation non encore suivie d'effet (1). Aussi dans le cas où le condamné demande la remise d'une peine pécuniaire (2) prononcée contre lui, pour que l'administration de l'enregistrement n'exige pas le paiement de cette peine pécuniaire avant qu'il ne soit statué sur la supplique du débiteur, le Procureur impérial doit-il donner immédiatement avis au directeur

(1) Circulaire du 2 mai 1851.
(2) Circulaire du 15 avril 1801.

des domaines du département de la mise en instruction du recours en grâce. En réponse à cette lettre, le directeur fait connaître au Procureur impérial quelle est la situation du condamné vis-à-vis du trésor et l'informe qu'il sera sursis à toute poursuite (1).

Lorsque son instruction est terminée, le Procureur impérial renvoie au Procureur général le recours en grâce en fournissant à ce haut magistrat les renseignements qu'il a dû recueillir sur les circonstances suivantes :

1° Nom, prénom, date et lieu de naissance, état civil, domicile et profession du condamné;

2° Conduite antérieure du condamné;

3° Situation de la famille du condamné *(position sociale, considération, etc.);*

4° Causes, nature et date de la condamnation, articles de la loi pénale appliquée;

5° Juridiction qui a statué;

6° Si l'arrêt ou le jugement est devenu définitif;

7° En cas de condamnation correctionnelle à l'emprisonnement, si le condamné subit sa peine, depuis quel jour et dans quelle prison; s'il a été soumis à la détention préventive, et pendant combien de temps;

8° Conduite qu'il a tenue depuis son arrestation;

9° S'il a acquitté l'amende et les frais du procès ou s'il est indigent;

10° S'il paraît digne de quelque indulgence, et, en cas d'affirmative, dans quelle mesure il pourrait être signalé à la clémence de Sa Majesté.

(1) Circulaire du 17 mai 1858.

Enfin, dans le cas où le recours en grâce s'applique à l'amende, il faut joindre la lettre du Directeur des domaines dont la production est prescrite *pour ce cas seulement* par la circulaire du 17 mai 1858.

Lorsqu'il a été statué sur la supplique du condamné, le Procureur impérial, averti de la décision prise, doit la faire connaître au suppliant, et, si ce dernier sollicitait la remise de tout ou partie d'une peine pécunaire quelconque (amende, confiscation) prononcée contre lui, porter aussi cette décision à la connaissance du directeur des domaines (1).

Si le recours en grâce a été favorablement accueilli, le Parquet de première instance doit encore prescrire au Greffier la mention de la décision gracieuse en marge du jugement de condamnation et prendre les mesures nécessaires pour que pareille mention soit inscrite sur le bulletin N° 1 classé au casier judiciaire du chef-lieu de l'arrondissement dans lequel est situé le lieu de naissance du condamné.

(1) Circulaire du 15 avril 1861

CHAPITRE XVIII

REQUÊTE A FIN D'EXPROPRIATION

POUR CAUSE D'UTILITÉ PUBLIQUE

Aux termes de l'article 14 de la loi du 3 mai 1841, le Procureur impérial requiert et le Tribunal prononce les expropriations pour cause d'utilité publique. La pratique constante, en cette matière, c'est que le ministère public, auquel les pièces sont transmises par le Préfet, saisisse le Tribunal par des conclusions écrites (1). Nous nous bornerons à donner un modèle de requête en le faisant précéder néanmoins de quelques observations propres à faciliter le travail du Parquet.

L'expropriation peut être poursuivie soit dans un intérêt purement communal, soit pour ouvrir ou redresser des chemins vicinaux (2), soit dans l'intérêt de l'Etat ou d'un département (3).

(1) V. Daffry de la Monnoye, *Les lois de l'Expropriation pour cause d'utilité publique*, p. 70 et suivantes.

(2) Foucart, *Éléments de droit public et administratif*, t. I, p. 701, t. II, p. 461, 3ᵉ édition.

(3) Les études pour le tracé des routes, chemins de fer, etc., se font en vertu d'arrêtés préfectoraux qui permettent l'introduction des agents dans les propriétés particulières. Si des dégradations sont faites, on se règle à l'amiable, sinon le conseil de préfecture statue. Une circulaire du 24 octobre 1853 recommande aux agents le plus grand respect de la propriété.

Lorsque le dossier arrive au Parquet, il faut d'abord s'assurer s'il est complet, c'est-à-dire s'il contient toutes les pièces constatant que les formalités prescrites par la loi de 1841 ont été remplies : s'il ne les contient pas, on les réclame à la Préfecture; s'il les contient la requête doit-être rédigée et présentée au Tribunal.

Le magistrat rédacteur de cette requête peut, de même que le jugement à intervenir, viser collectivement les pièces justificatives de toutes les formalités essentielles, ou les viser individuellement. Cette seconde manière de procéder témoigne mieux cependant du soin que le Parquet a apporté à la vérification.

S'il s'agit d'une expropriation poursuivie dans un intérêt communal, ou pour l'ouverture et le redressement de chemins vicinaux, les formalités à remplir par l'administration ne sont pas aussi nombreuses (art. 12) que si cette expropriation était poursuivie dans l'intérêt de l'État ou d'un département; mais dans tous les cas il convient, pour étudier le dossier et libeller la requête, d'avoir sous les yeux les titres 1 et 2 (art. 1 à 12) de la loi du 3 mai 1841, et si l'expropriation a pour but l'ouverture ou le redressement de chemins vicinaux, il faut, en outre, se référer à l'article 16 de la loi du 21 mai 1836 (1).

Ces explications préliminaires étant données, la requête suivante pourra, en la modifiant d'après le but de l'expropriation, servir à rédiger celle que, dans les trois

---

(1) Il faut remarquer que la loi de 1841 étant substituée à la loi de 1833 qui, avant elle, réglait les procédures d'expropriation, le jury spécial qui doit statuer aux termes de l'article 16 de la loi du 21 mai 1836, sur les indemnités en matière d'ouverture et de redressement des chemins vicinaux, doit être choisi sur la liste générale dressée conformément à la loi de 1841.

cas indiqués, le Parquet doit présenter au Tribunal.

Nous supposons le cas le plus fréquent ; l'ouverture ou le redressement d'un chemin vicinal :

REQUÊTE

Le Procureur Impérial de l'arrondissement de . . . .

Vu l'art. 14 de la loi du 3 mai 1841, ensemble :

1° L'arrêté de M. le Préfet d . . . : . . en date du . . . . . , autorisant les travaux de redressement du chemin vicinal de . . . . . (1) ;

2° Le plan parcellaire des contenances à occuper pour le redressement dont il s'agit ;

3° L'arrêté de M. le Préfet en date du . . . . . déterminant les propriétés qui doivent être cédées, et visant les pièces produites au Tribunal, lesquelles constatent l'accomplissement des formalités prescrites par les art. 6, 7 et 12 de la loi du 3 mai 1841 (2) ;

REQUIERT qu'il plaise au Tribunal, prononcer l'expropriation, pour cause d'utilité publique, de l'immeuble déterminé dans l'arrêté ci-dessus visé de M. le Préfet, pris en conformité de l'article 11 de ladite loi ; désigner un magistrat pour présider et diriger le jury, et, attendu qu'il s'agit d'un chemin vicinal, faire choix d'un jury spécial, ainsi que le prescrit l'article 16 de la loi du 21 mai 1836.

(1) Cet arrêté remplace, pour opérer dans ce cas l'expropriation, la loi ou le décret impérial prescrit, pour les grands travaux publics, par l'article 2 de la loi du 3 mai 1841 (art. 16, 1, du 21 mai 1836).

(2) Il faut remarquer que ces formalités sont les mêmes dans le cas où l'expropriation est demandée dans un intérêt purement communal et que dans le cas où l'expropriation a lieu dans l'intérêt de l'État ou d'un département, ce sont les formalités prescrites par les articles 8, 9 et 10 qui sont exigées.

CHAPITRE XIX

DES SUCCESSIONS

SECTION I

DES SUCCESSIONS VACANTES

Une succession est réputée vacante quand il n'y a pas d'héritier connu, que les héritiers connus y ont renoncé ou qu'il ne se présente ni enfant naturel ni conjoint survivant, personne, en un mot, qui la réclame (art. 811, C. N., 998, C. proc. civ.). Dans ce cas, lorsque les délais pour faire inventaire et délibérer sont expirés, comme il est nécessaire de pourvoir à l'administration de cette succession, le tribunal de première instance, dans l'arrondissement duquel elle est ouverte, nomme un curateur sur la demande des personnes intéressées ou sur la *réquisition du Procureur impérial*.

Les art. 813 et 814, C. N., énumèrent les obligations du curateur à une succession vacante, et diverses circulaires, dont la dernière est en date du 26 mai 1842, rappellent les règles à observer en ce qui concerne la nomination de ce curateur et sa gestion. Cependant, en 1859, le ministre des finances informa S. Exc. le Garde des sceaux que l'on n'observait pas régulièrement les instructions de la Chancellerie; de là une nouvelle circulaire (21 août 1859) qui recommande aux Procureurs impériaux de tenir la main à l'exécution desdites instructions.

Il est rare que la requête tendant à la nomination d'un curateur à une succession vacante ne soit pas présentée au Tribunal par le Procureur impérial, agissant d'office, soit que ce magistrat ait été prévenu par le Juge de paix ou qu'il ait été averti par l'administration de l'enregistrement.

Cette requête peut être rédigée conformément au modèle ci-dessous, dans la rédaction duquel sont reproduits les termes de la circulaire du 26 mai 1812.

A MM. les Président et Juges composant le Tribunal civil de première instance séant à . . . . .

Vu les pièces ci-jointes;

Ensemble les art. 717, 811, 812, 813 et 814 du Code Napoléon,

Le Procureur impérial a l'honneur d'exposer :

Que l. nommé . . . . . est décédé à . . . . .

Que personne ne s'est présenté pour réclamer sa succession pendant les délais pour faire inventaire et délibérer;

Que, ces délais étant écoulés, cette succession est réputée vacante;

Qu'il y a lieu, par conséquent, de nommer un curateur, d'ordonner qu'il sera tenu, avant tout, de faire constater l'état de la succession par un inventaire, d'en exercer et poursuivre les droits, de répondre aux demandes formées contre elle, d'administrer, sans pouvoir toutefois toucher par lui-même aucuns fonds, et à la charge, au contraire :

1° De faire verser à la caisse du Receveur des domaines le numéraire trouvé dans la succession, plus le montant des créances, ainsi que le prix des meubles et immeubles vendus, sauf, à l'égard des immeubles, le prix ou la portion du prix qui reviendrait ou qui aurait été délégué aux créanciers hypothécaires, conformément à l'article 806 du Code Napoléon;

2° De présenter au même Receveur des domaines, sur sa demande, et chaque fois qu'il le jugera utile, le compte provisoire ou l'état de situation de l'administration de la curatelle;

Pourquoi il requiert qu'il vous plaise

Nommer un curateur à ladite succession aux conditions ci-dessus énoncées (1).

Au Parquet, le . . . . . 18 . .

Le Procureur impérial,

—

SECTION II

DES SUCCESSIONS EN DÉSHÉRENCE

Lorsqu'un défunt n'a laissé ni parents au degré successible, c'est-à-dire d'héritiers légitimes, ni enfants naturels, c'est-à-dire de successeurs irréguliers, sa succession est réputée en *déshérence*. Elle est acquise au con-

(1) Généralement on désigne dans la requête le curateur qui peut être nommé, et, si le tribunal l'agrée, le Procureur impérial lui envoie ultérieurement une expédition du jugement qui le nomme.

joint survivant ou à l'État (art. 767 et suiv., C. N.). Si elle est acquise à l'État, l'administration des domaines ne peut la refuser (circulaire du 8 juillet 1806; Gillet, N° 836; Addenet, p. 20); cependant cette administration est dans l'usage de la considérer d'abord comme succession vacante, et ce n'est que plus tard qu'elle accomplit les formalités prescrites par l'art. 770, C. N., et la circulaire du 8 juillet 1806, pour obtenir l'envoi en possession. A cet effet, le Directeur de l'enregistrement présente au tribunal une première requête tendant à être autorisé à faire procéder aux publications prescrites préalablement à l'envoi en possession. Elle est ainsi conçue :

Messieurs, le Directeur de l'enregistrement et des Domaines a l'honneur de vous exposer ce qui suit :

N . . . . est décédé à . . . . ; sa succession a été déclaré vacante, à défaut d'héritiers connus, par jugement du tribunal de . . ., en date du . . . Il en dépend une somme de . . ., versée le . . ., à la caisse des dépôts et consignations.

Aux termes des art. 539, 713, 723, 768 et 770, C. N., le domaine de l'État peut recueillir cette succession, que ne revendiquent ni les héritiers, ni les enfants naturels, ni le conjoint survivant.

Par ces motifs, le directeur soussigné demande qu'il vous plaise, Messieurs, autoriser pour cette succession les publications prescrites par l'art. 770, C. N. (1): ordonner qu'un *extrait de votre jugement, sur papier non timbré, sera transmis par M. le Procureur impérial au Ministre de la justice,* pour être

(1) La circulaire du 8 juillet 1806 complète l'art. 770. — Les trois affiches exigées par cet article doivent être apposées de trois mois en trois mois, dans le ressort du tribunal de l'ouverture de la succession, et, comme en matière d'absence, le jugement d'envoi ne doit être prononcé qu'un an après la demande.

inséré au *Moniteur*; et, en attendant l'accomplissement de ces formalités, autoriser l'administration des domaines à régir et administrer provisoirement l'hérédité, et à exercer tous les droits et actions qui en dépendent.

Le Tribunal rend, s'il y a lieu, un jugement conforme à cette requête, et le Procureur impérial en envoie un extrait, sur papier libre, au Garde des sceaux (1).

Certains Parquets avaient contracté l'habitude de transmettre à la Chancellerie, pour être insérés au *Moniteur*, même les jugements relatifs aux successions en déshérence dévolues aux conjoints survivants. Une circulaire du 22 avril 1861 rappelle que l'insertion au *Moniteur* n'est imposée par la circulaire du 8 juillet 1806 qu'à l'administration des domaines pour les successions dévolues à l'État, et que, dans les autres cas, cette publication doit rester à la charge des parties intéressées, même quand les tribunaux croient devoir l'ordonner en dehors des prescriptions de cette circulaire.

Lorsque l'administration de l'enregistrement a rempli les formalités exigées par la loi et la circulaire, elle présente, par l'intermédiaire du Parquet, une requête afin d'obtenir l'envoi en possession, et le tribunal statue après avoir entendu le Procureur impérial.

(1) Ce n'est pas seulement en matière de succession en déshérence que le ministère public doit transmettre au Garde des sceaux des extraits de jugement sur papier libre. — Aux termes de l'art. 118, C. N., le Procureur impérial envoie au Ministre de la justice, qui les rend publics, les jugements tant préparatoires que définitifs de déclaration d'absence; et, pour satisfaire aux prescriptions du § 13 de la circulaire du 6 décembre 1810, il doit adresser au même Ministre un extrait de tous les jugements de condamnation prononcés notamment contre des militaires en activité de service, en congé ou en permission, cas qui se présente assez fréquemment pour que nous ayons cru devoir le mentionner.

Voici le modèle de cette requête :

Requête présentée à MM. les Président et Juges composant le Tribunal de première instance de . . . .

Messieurs, le Directeur de l'enregistrement et des domaines, vous a présenté, le . . . ., une requête tendant à obtenir l'envoi en possession provisoire de la succession en déshérence de. . . ., décédé à . . . ., le . . . .

Par jugement du . . . ., vous avez autorisé l'administration à régir provisoirement cette hérédité, à en exercer les actions et à faire les publications par affiches apposées de trois mois en trois mois. Vous avez, en outre, ordonné l'insertion de votre jugement dans le *Moniteur universel.*

Les formalités prescrites ont été remplies conformément aux art. 769 et 770, C. N., ainsi qu'il est justifié :

1° Par un exemplaire du *Moniteur,* du . . . . .

2° Par un exemplaire du journal, du . . . . . . (journal de la localité dans lequel sont faites les annonces légales);

3° Par trois originaux de placards, apposés, de trois mois en trois mois, au domicile du défunt, et revêtus des certificats du maire;

Et, attendu que la demande de l'État étant formée depuis plus d'un an, rien ne s'oppose à ce qu'il soit envoyé en possession définitive de tous les biens dépendant de la succession dont il s'agit, le directeur des domaines conclut à ce qu'il vous plaise prononcer l'envoi en possession, et ordonner que le préposé à la caisse des dépôts et consignations versera dans la caisse du receveur des domaines à . . . . ., le reliquat des sommes qui ont été déposées depuis l'ouverture de cette succession, tant par le curateur nommé par le jugement qui l'a primitivement déclarée vacante, que par les préposés de l'administration des domaines.

CHAPITRE XX

TRANSMISSIONS et SUPPRESSIONS D'OFFICES

SECTION I

TRANSMISSIONS D'OFFICES

Aux termes de l'art. 91 de la loi du 28 avril 1816, les officiers ministériels, non destitués, peuvent présenter des successeurs à l'agrément de Sa Majesté. Lorsque le successeur a été nommé, le droit d'exercer l'office pour lequel il a été présenté, passe entre ses mains. Cette transmission, dont les conditions sont réglées par un traité, se nomme CESSION D'OFFICE (1). Le décret de nomination ne confère pas la propriété de la charge. Le cessionnaire n'acquiert qu'un droit de possession *sui generis,* un droit de possession ne pouvant pas plus le conduire à la propriété (2) qu'il n'y a conduit son cédant et les prédécesseurs de ce dernier.

La matière des cessions d'office est, au point de vue

(1) Il existe sur ce sujet une excellente monographie de M. Greffier, directeur des affaires civiles au ministère de la justice.

(2) Dalloz, *Repertoire,* v. office, N° 20.

de l'administration des Parquets, une de celles, je ne dirai pas les plus difficiles, mais les plus embarrassantes pour les nouveaux substituts. Je vais en consigner ici les règles principales, en ne m'occupant néanmoins que de ce qui a lieu le plus souvent.

Parmi les pièces envoyées à la Chancellerie, les unes se retrouvent dans tous les dossiers de cession, les autres ne sont exigées que pour telle ou telle cession, selon qu'il s'agit d'un office de notaire, d'avoué, de greffier, d'huissier ou de commissaire-priseur.

Examinons d'abord les pièces que l'on doit toujours produire.

1° *Traité.* — Ce traité est authentique ou sous seings privés. Dans le premier cas, on doit mettre au dossier une expédition du traité, et la signature du notaire doit être légalisée par le Président du tribunal. Dans le second cas, on envoie le traité sur timbre, enregistré. La signature du cédant est légalisée par le Président du tribunal, et celle du cessionnaire par le Maire de sa commune, dont la signature est elle-même légalisée par le Sous-Préfet de l'arrondissement. Dans ces deux hypothèses, le Procureur impérial exige deux copies sur papier libre : l'une pour le Parquet de la Cour, l'autre pour le sien. Il est évident que dans l'inventaire que l'on dresse de toutes les pièces du dossier lorsqu'on les transmet à S. Exc. M. le Garde des sceaux par l'intermédiaire du Procureur général, on ne doit pas comprendre la copie sur papier libre destinée à ce haut magistrat.

Plus simple est un traité, meilleur il est. On doit y éviter tout ce qui est clause de style et n'y fait figurer aucune convention accessoire, concernant, par exemple, le mobilier de l'étude; il faut se borner à la cession de la charge, à la stipulation et au paiement du prix. Nous en transcrivons un qui n'a donné lieu à aucune observation de la part de la Chancellerie. Les passages soulignés sont ceux dont la rédaction est d'ordinaire défectueuse!

Par-devant M⁰ . . . . , notaire à . . . . , et en présence des témoins ci-après nommés, ont comparu :

A . . , notaire à la résidence de . . . , d'une part, et D . . , d'autre part; lesquels ont passé le traité suivant :

A . . , *cède* (1) à B . . , qui accepte, l'office de notaire dont il se *trouve pourvu* (2) à la *résidence* de . . . . (3), en remplacement de M⁰ . . . .

B . . , se pourvoira et fera toutes les démarches nécessaires pour obtenir sa nomination aux *fonctions* de notaire à la résidence de . . . . , en remplacement de A . . , il jouira, à compter de sa prestation de serment, de tous les droits se rattachant à l'office présentement cédé.

En conséquence, A . . a remis à l'instant même à B . . , qui le reconnaît, sa démission, en faveur de celui-ci, des fonctions de notaire qu'il exerce à . . . .

A . . , s'oblige en outre de *remettre* (4) à B . . . . , immé-

(1-2) On ne doit pas se servir des mots *rendre le titre de*.. dont le titulaire *est en possession*, parce que l'État doit être considéré comme propriétaire de tous les titres des offices ministériels, dont il ne confère que le privilège d'exploitation. Que serait d'ailleurs une vente dans laquelle le vendeur est obligé de faire agréer par un tiers et son acheteur, et les diverses stipulations de son contrat?

(3) Dans les cessions d'office d'huissier on ne peut céder que l'office d'huissier près le tribunal de...; il ne faut pas ajouter *à la résidence*...., car cette clause porterait atteinte au droit du tribunal de fixer la résidence de ses huissiers et de la changer selon les besoins du service.

(4) Il faut remarquer que l'on ne doit pas se servir de l'expression *céder les minutes et répertoires*: leur dépôt entre les mains du cessionnaire est la conséquence de la cession de l'office. — Il en est de même de la *clientèle*. Le cédant ne peut pas en disposer à son gré.

diatement après la prestation de serment de ce dernier, tous les répertoires, minutes et dossiers de toute nature concernant ledit office, ainsi que les pièces et renseignements touchant les affaires commencées.

De son côté, B. . s'oblige à faire, dans le plus bref délai, toutes les démarches nécessaires pour parvenir à sa nomination aux fonctions de notaire en remplacement de A. .

La présente cession est faite moyennant la somme de. . . . ., que B. . s'oblige à payer, sans intérêts (1), à A. . ., ou pour lui au porteur de ses pouvoirs et de la grosse des présentes, en l'étude de M° . . . . ., notaire, soussigné, quarante jours après la prestation de serment (2) du cessionnaire.

Les droits et frais des présentes et ceux qui en résulteront seront payés par B. .

Pour l'exécution de ces mêmes présentes, les parties font élection de domicile en l'étude de M° . . . .

Dont acte fait. . . .

L'un des points qui embarrassent le plus, lors de l'examen du traité, c'est de savoir si le prix est en rapport avec la moyenne des produits des cinq dernières années. Ce n'est là cependant qu'une difficulté apparente, lorsque l'on connaît les bases adoptées d'habitude par la Chancellerie pour la capitalisation.

Les voici :

Pour les greffes, 12 p. 100, sans comprendre dans les produits le traitement fixe et les bénéfices qui ne résultent pas positivement des fonctions de Greffier, telles que les indemnités de transport.

(1) Quand le prix de cession porte intérêts, on ne doit pas stipuler qu'ils seront payables tous les *six mois*.

(2) Le premier paiement ne peut être fait qu'après la *prestation de serment*, pour ne pas nuire aux créanciers du cédant.

Pour les notaires, avoués et commissaires-priseurs, 15 p. 100.

Pour les huissiers, de 18 à 20 p. 100.

Nous reviendrons sur ce sujet en parlant de l'état des produits. Pour le moment nous nous bornerons à indiquer la règle d'arithmétique à l'aide de laquelle on vérifie si le prix de cession est en proportion avec la moyenne des produits; c'est une règle de trois. Supposons qu'il s'agisse d'un office de Greffier. Soit x le prix de cession cherché, et 3,000 fr. le produit moyen. On fait ce raisonnement : Si 12 fr. par an sont le produit de 100 fr., 3,000 fr. le produit moyen, indiqué par les parties contractantes, sera le produit de x, et l'on a la proportion :

$$12 : 3,000 :: 100 : x,$$

$$\text{d'où } x = \frac{3,000 \times 100}{12} = 25,000$$

Pour connaître le taux qui a servi de base au prix de cession, il faut encore avoir recours à une proportion. Soit 25,000 fr. le prix de cession, 3,000 fr. le produit moyen, on raisonne ainsi : 3,000 fr. étant pour une année le produit de 25,000 fr., x, le taux de cession cherché sera le produit de 100 fr. et l'on a la proportion :

$$25,000 : 100 :: 3,000 : x$$

$$\text{d'où } x = \frac{100 \times 3,000}{25,000} = 12$$

Nous terminerons ces observations sur le *Traité* en signalant diverses clauses qui se rencontrent quelquefois dans les traités et que l'on doit retrancher ou modifier.

A. Lorsqu'un tiers intervient au traité pour garantir le paiement du prix, c'est seulement après l'énonciation des stipulations concernant le prix et son paiement que l'on doit consigner la mention d'intervention.

B. Un notaire ne peut pas s'obliger à délivrer gratuitement les expéditions, grosses ou extraits, qui auraient été payés à son prédécesseur; ce serait là une augmentation de prix.

C. Le cessionnaire s'engage inutilement à prêter serment dans un délai déterminé, car il ne peut pas le faire avant d'avoir versé son cautionnement, dont le *chiffre* se trouve indiqué en marge de l'ampliation du décret de nomination (1), et il ne peut pas, sous peine de déchéance, ne pas prêter serment dans les deux mois.

D. Le cédant ne peut réserver les recouvrements de ses prédécesseurs que s'il établit qu'il est à leurs droits (2).

E. On ne peut admettre que le cédant se réserve le droit d'exiger : 1° communication des minutes de l'étude à toute réquisition; 2° la délivrance d'expéditions non payées. Ce serait une immixtion dans les fonctions de son successeur.

F. On ne doit pas laisser figurer au traité une clause par laquelle le cédant interdit au successeur éventuel de

______

(1) L'impétrant envoie directement son récépissé de cautionnement au ministère des finances, et le certificat de son inscription lui est transmis par l'intermédiaire du Parquet.

(2) L'article 59 de la loi du 25 ventôse an XI, voulait, et la Chancellerie a longtemps exigé, que le notaire démissionnaire cédât ses recouvrements à son successeur, mais cette clause n'est plus de rigueur, et on ne la trouve plus dans les traités d'aujourd'hui.

son cessionnaire de se libérer par anticipation avant l'entier paiement des sommes dues au titulaire actuel pour le prix de sa cession.

G. Lorsque, à tort, l'on comprend dans le traité le mobilier de l'étude, il faut faire une ventilation, de manière que le Parquet sache quel est le véritable prix de la cession de l'office.

·II. On ne peut pas stipuler que le prix ne sera payé qu'en espèces métalliques d'or ou d'argent et non autrement. (Circ. du 24 mai 1849.)

2° La seconde pièce à produire par le candidat est son *acte de naissance* dûment légalisé.

3° La troisième est la *démission* sur timbre du titulaire et la présentation par lui de son successeur à l'agrément de Sa Majesté. (Décision du 27 avril 1849.) Sa signature, comme celle de tous les officiers ministériels, en semblable matière, doit être légalisée par le Président du tribunal.

4° *Certificat de jouissance des droits civils et politiques.*

5° *Certificat de bonne vie et mœurs.*

Ces deux certificats doivent être délivrés sur timbre par le Maire de la commune dans laquelle est domicilié le candidat, et la signature du Maire doit être légalisée par le Sous-Préfet.

6° *Certificat de libération du service militaire*, délivré sur timbre, par le Sous-Préfet.

Ce certificat, délivré par le Sous-Préfet lorsque le candidat a été exempté par son numéro ou tout autre motif d'exemption, doit être, dans le cas contraire, suppléé soit par un congé définitif, si le candidat a servi, soit par un certificat délivré par le Préfet, président du Conseil de révision, et constatant qu'il a été exonéré du service, conformément à l'art. 7 de la loi du 26 avril 1855.

Aux termes de l'art. 48 de la loi du 21 mars 1832, le candidat qui a trente ans accomplis n'est pas tenu de justifier qu'il a satisfait aux lois sur le recrutement.

7° *Certificat attestant l'aptitude du candidat* aux fonctions qu'il sollicite. Ce certificat pour les notaires, les avoués et les huissiers, est un certificat de *stage* (loi du 25 vent. an XI, art. 36 et suiv. Ordonnance du 4 janvier 1843, art. 31. — Art. 26, l. du 22 vent. an XII. Décret du 6 juillet 1810, art. 115. — Décret du 14 juin 1813, art. 10).

Pour les commissaires-priseurs et les greffiers, ce certificat est une attestation constatant, par exemple, que le postulant a travaillé pendant un temps déterminé dans un greffe ou dans une étude de notaire, d'avoué ou d'huissier (1).

Dans tous les cas, ce certificat doit être sur timbre, et la signature des officiers ministériels légalisée par le Président du tribunal près duquel ils exercent leurs fonctions.

Il résulte d'une lettre de M. le Garde des sceaux, du 27 avril 1857, que quand un candidat a déjà été notaire, il n'a besoin de produire ni certificat de stage (2) (art. 38, loi du 25 ventôse an XI), ni certificat de libération de

(1) V. Gillet, p. 646, décision du 29 mai 1849.

(2) Par décret, en date du 4 juin 1861, des dispenses de stage ont été accordées en vertu de l'art. 42 de la loi du 25 ventôse an XI, à un candidat aux fonctions de notaire qui avait été greffier d'un tribunal de commerce pendant dix ans.

service militaire, ni acte de naissance. Mais il doit produire de nouveaux certificats de moralité, ainsi que toutes les autres pièces exigées d'habitude.

8° *Extrait du casier judiciaire* délivré par le Greffier du tribunal de l'arrondissement dans lequel est né le candidat.

Inutile d'ajouter sans doute, d'après ce que nous avons dit plus haut, que la signature du Greffier doit être légalisée par le Président du tribunal. Il conviendrait même que le Procureur impérial visât cet extrait, comme il vise les bulletins N° 2.

9° *État des produits.* Cette pièce est très-importante. On doit y comprendre le relevé des produits de l'office pendant les cinq dernières années, et la capitalisation aux taux indiqués précédemment donne le prix moyennant lequel doit être consentie la cession.

En 1862, la chancellerie a demandé que les états de produit fournis pour les cessions d'office de notaire soient rédigés par colonne présentant les actes classés suivant leur nature. Nous donnons, à la fin de ce chapitre, un modèle pour la rédaction de cet état et pour celui que doivent fournir les parties dans les cessions de greffe ou d'office d'huissier, d'avoué et commissaire-priseur.

Quant à présent, nous ferons, néanmoins, pour terminer, quelques observations que nous dicte le but que nous voulons atteindre; but essentiellement pratique.

L'état qui nous occupe doit être dans tous les dossiers de cession rédigé sur timbre (1). Il doit être en outre

(1) Comme pour le traité, il faut de cet état faire deux copies sur papier libre, l'une pour le Parquet du Procureur général, l'autre pour celui du Procureur impérial.

certifié par le cédant et approuvé par le cessionnaire. La signature du premier sera légalisée par le Président du tribunal, et celle du second par le Maire de son domicile, dont la signature sera elle-même légalisée par le Sous-Préfet.

Dans les cessions de greffe de Justice de paix, une formalité de plus est à remplir. La Chancellerie exige que l'état des produits soit certifié non-seulement par les parties, mais encore par le Juge de paix et le Procureur impérial. Dans ce cas spécial de cession de greffe de justice de paix, l'état dont s'agit doit être divisé en deux parties, parce que la valeur d'un greffe s'établit en capitalisant :

1° Les produits spéciaux du greffe au taux de 12 p. 100, comme nous l'avons dit plus haut;

2° Le produit des prisées à raison de 5 fr. par vacation, et celui des ventes mobilières (6 p. 100 du capital des ventes) au taux de 18 p. 100, admis pour les huissiers. (Circ. du 14 mars 1857.)

On remarquera que dans l'état des produits d'un office de notaire une colonne est réservée aux *sommes versées annuellement* à l'enregistrement. Une explication à cet égard est nécessaire.

Ordinairement le chiffre des sommes versées à l'enregistrement l'emporte et dans une proportion notable sur celui des honoraires, souvent d'un tiers, quelquefois plus. Lorsque cela n'a pas lieu, il faut en rechercher la cause pour la signaler dans le rapport que le Procureur impérial adresse à S. Exc. le Garde des sceaux. En général, l'excédant des droits d'enregistrement sur les honoraires du notaire provient de ventes importantes et nombreuses qui donnent 6 p. 100 à l'enregistrement et 1 p. 100 d'honoraires. Dans les ventes de minime importance, le produit des émoluments égale et même dépasse le chiffre des droits versés au Trésor. Il en est de même des quittances et obligations et surtout des inventaires, liquidations, partages, donations entre-vifs, testaments, baux, comptes de tutelle et transactions, actes nombreux qui engendrent peu de droits d'enregistrement, tout en procurant au notaire une rémunération proportionnée à leur longueur et à leur difficulté (1).

Telles sont les pièces que doivent contenir indistinctement tous les dossiers de cession ; il en est d'autres spéciales aux cessions de greffe ou d'office d'avoué, de notaire ou d'huissier, etc. Nous allons les énumérer en faisant sur chacune d'elles les remarques qu'exige le désir où l'on est d'envoyer au Parquet de la Cour un dossier régulier et que ne retourne pas le Procureur général.

Un candidat aux fonctions d'*avoué* doit produire :

10° Son *diplôme de licencié* ou son *certificat de capacité* ;

11° Une expédition de la *délibération de la chambre s'expliquant sur la moralité et la capacité du candidat* ;

12° Une expédition de la *délibération du tribunal constatant son agrément*.

(1) Le coût des actes de notaire varie d'après les localités, mais il est rare qu'il soit supérieur à 30 fr. chacun, lorsqu'il dépasse ce chiffre, il faut, dans le rapport, en indiquer la raison.

Les actes d'huissier sont généralement évalués à 5 fr. chacun, s'ils dépassent ce coût il faut également, dans le rapport, en indiquer le motif.

Ces deux expéditions doivent être faites sur timbre à 1 fr. 50 c. et les signatures légalisées par le Président du tribunal.

13° Un *certificat* (sur timbre) *délivré par ce magistrat constatant que le candidat n'est pas parent d'un membre du tribunal, ou, s'il l'est, à quel degré* (1). (Circul. du 13 fév. 1816.)

Le postulant aux fonctions de *notaire* doit produire encore :

10° Une expédition (sur timbre à 1 fr. 50 c., légalisée par le Président du tribunal), de la *délibération de la chambre des notaires s'expliquant sur sa capacité et sa moralité.* Aux termes de l'art. 43 de la loi du 25 vent. an xi, le certificat de moralité et de capacité délivré par la chambre doit mentionner que la communication en a été faite au Procureur impérial, qui, pour affirmer cette communication, vise la pièce dont s'agit.

Le candidat aux fonctions d'*huissier* qui demande aussi à faire partie d'une corporation doit produire :

10° Une expédition de la *délibération de la chambre des huissiers s'expliquant sur sa capacité et sur sa moralité.*

Et, comme le candidat aux fonctions d'avoué :

11° Une expédition de la *délibération du tribunal qui l'agrée* pour exercer près de lui les fonctions qu'il sollicite.

Par la même raison, le candidat aux fonctions de

(1) Le gendre d'un juge du tribunal ne peut être nommé avoué près ce même tribunal. (Décision du 4 mars 1838.)

commissaire-priseur doit produire aussi, et, en outre, des pièces déjà indiquées :

10° Une expédition de la *délibération du tribunal*, expédition signée du Greffier, dont la signature doit être légalisée par le Président.

Enfin, dans les dossiers de cession de greffe doivent se trouver :

10° Pour les *greffiers de justice de paix*, un *certificat constatant l'assentiment des juges de paix*;

11° Une *attestation de ce magistrat portant que le candidat n'est ni son parent, ni son allié, ni parent ou allié des suppléants.*

Il va de soi que ces certificats doivent être sur timbre (à 50 c.), ainsi que toutes les pièces produites que leur nature n'en dispense pas par elle-même, comme les diplômes.

Pour les *Greffiers des tribunaux*, ces deux certificats sont remplacés (le motif en est évident) par :

10° Une *délibération du tribunal;*

11° Un *certificat de non-parenté délivré par le Président.*

Tout candidat doit joindre à son dossier une supplique sur timbre à 1 fr. 50 c., par lui adressée à S. Exc. M. le Garde des sceaux, dans laquelle il sollicite la nomination aux fonctions de....., en remplacement du titulaire actuel, démissionnaire en sa faveur.

La signature du postulant doit être légalisée par le Maire de la commune de son domicile, et la signature du Maire doit être légalisée par le Sous-Préfet.

Lorsque toutes les pièces ci-dessus décrites sont régulières, le Procureur impérial les adresse au Garde des sceaux par l'intermédiaire du Procureur général. Dans le rapport à Son Excellence, le Procureur impérial doit faire connaître les causes de la démission du titulaire, la position de famille et de fortune du candidat, sa capacité, son honorabilité, ses *antécédents*. Il doit donner son avis sur le prix de l'office et s'expliquer sur les difficultés particulières auxquelles la cession a pu donner lieu.

Ce rapport écrit, le dossier est complet. Le Procureur impérial dresse un inventaire de toutes les pièces, conformément au modèle ci-après, que nous donnons comme résumé de cet article, et les envoie au Procureur général, en ayant soin d'obéir aux prescriptions de la circulaire du 6 août 1861, concernant la transmission des dépêches à la Chancellerie. (V. *suprà*, p. 6.)

INVENTAIRE (1).

1° Traité;

2° Acte de naissance du candidat;

3° Démission du titulaire et présentation par lui de son successeur;

(1) Règle générale : toutes les signatures doivent être légalisées; celles des officiers ministériels par le Président du tribunal près lequel ils exercent leurs fonctions ou par le Juge de paix du canton, et celle du postulant par le Maire de son domicile, dont la signature est elle-même légalisée par le Sous-Préfet. (Circ. du 28 juin 1849.)

Toutes les pièces à produire devront être rédigées sur papier timbré et il faut annexer, sur papier libre, deux copies du traité et deux de l'état des produits.

4° Certificat de jouissance des droits civils et politiques;

5° Certificat de bonnes vie et mœurs;

6° *Id.* de libération du service militaire;

7° Certificat de stage ou pièce attestant l'aptitude du candidat.

8° Extrait du casier judiciaire;

9° État des produits.

Avoué :

10° Diplôme de licencié ou certificat de capacité;

11° Expédition de la délibération de la chambre des avoués;

12° Expédition de la délibération du tribunal;

13° Certificat de non-parenté ou de parenté avec l'un des membres du tribunal;

14° Supplique.

Notaire :

10° Expédition de la délibération de la chambre des notaires;

11° Supplique.

Huissier :

10° Expédition de la délibération de la chambre des huissiers;

11° Expédition de la délibération du tribunal;

12° Supplique.

Commissaire-priseur :

10° Expédition de la délibération du tribunal;

11° Supplique.

Greffier de justice de paix (1) :

10° Certificat constatant l'assentiment du juge de paix;

11° Certificat de non-parenté ni alliance;

12° Supplique.

Greffier du tribunal :

10° Délibération du tribunal;

11° Certificat de non-parenté ni alliance;

12° Supplique.

Enfin, le Procureur impérial doit joindre à tous les dossiers, ce qui en fait la 11°, 12° ou 13° pièce :

Son rapport au Garde des sceaux;

Et, ce qui en fait la 16°, 13° ou 14° pièce :

L'inventaire.

<table>
<tr><td>DIRECTION
des
Affaires civiles et du Sceau
—
4° Bureau
———————
NOMINATION
D'UN
COMMISSAIRE-PRISEUR</td><td>RAPPORT</td></tr>
</table>

Monsieur le Garde des Sceaux,

J'ai l'honneur de transmettre à Votre Excellence, avec toutes les pièces à l'appui, une supplique par laquelle le sieur A . . . ., sollicite sa nomination aux fonctions de Commissaire-Priseur à . . . . ., en remplacement du sieur B . . . . ., démissionnaire en sa faveur.

(1) Les Greffiers de paix prêtent serment devant les Juges de paix. (V. Gillet, N° 1632.)

Le sieur A . . . . ., est né à . . . . ., le . . . . ..

Les renseignements que j'ai reçus sur son compte sont satisfaisants. Il a fait ses études au lycée de . . . . . ; cependant il ne les a pas terminées et n'est pas bachelier. Après sa sortie du lycée il est entré dans le 10ᵉ de ligne, où il est resté trois ans.

Revenu à . . . . ., il a été, du 9 mai 1865 au 23 novembre 1868, clerc chez deux notaires qui ont déclaré n'avoir eu qu'à se louer de lui. — Il appartient à une bonne famille, et ne paraît pas s'occuper de politique.

Le sieur B . . . . ., qui n'est commissaire-priseur à . . . . . que depuis le 18 novembre 1864, date de sa prestation de serment, cède son office pour aller habiter Pau, pays de sa femme. Il n'a donné lieu, pendant son exercice, à aucune plainte.

Aucune réduction ne me paraît devoir être opérée sur le prix de la cession. Il est de 8,000 fr., le même moyennant lequel le sieur B . . . . . a traité avec son prédécesseur, et moyennant lequel ce dernier avait traité lui-même en novembre 1860. A cette époque, le produit moyen était de 2,407 fr., il est aujourd'hui de 3,000 fr. Cette différence n'a rien d'anormal, mais elle n'existerait pas que le prix de cession devrait encore être maintenu puisque, pour le fixer, les parties n'ont pas tenu compte de l'augmentation des produits, et qu'ils ont capitalisé à un taux évidemment supérieur à celui de 15 p. 100. Du reste, le cessionnaire offre toutes les garanties de solvabilité désirables.

Il aura, après le décès de sa mère, veuve aujourd'hui, des propriétés d'une valeur de . . . à . . . . environ, dont le revenu, touché mi-partie par elle, mi-partie par lui, représente, pour le sieur A . . . . . ses droits dans la succession de son père.

Je suis, etc.

SECTION II

SUPPRESSIONS D'OFFICES

Aux termes de l'art. 102 du décret du 30 mars 1808, la destitution d'un officier ministériel qui s'est mis en contravention aux lois et règlements peut être *provoquée, s'il y a lieu,* par le ministère public.

Un sieur X..., huissier, s'était, par une contre-lettre, engagé envers son prédécesseur à payer pour prix de la cession de son office une somme supérieure à celle portée au traité. — Ce paiement avait eu lieu; mais il en était résulté pour le nouveau titulaire une gène immédiate, et il ne tarda pas à tomber dans un état de déconfiture tel qu'il n'offrait plus aucune garantie. — Instruit de cette situation, le Procureur impérial fit citer le sieur X... devant le tribunal, jugeant disciplinairement en chambre du conseil, et requit la *provocation* (1) de sa destitution. — Le tribunal, moins sévère, ne prononça qu'une suspension de trois mois. Mais le Garde des sceaux

(1) Cette expression est à noter. Le ministère public ne peut que requérir du tribunal la provocation de la destitution d'un officier ministériel, car le tribunal n'a pas le pouvoir de *révoquer;* il ne peut que *proposer* au Garde des sceaux de prononcer la destitution de l'avoué, du greffier, du commissaire-priseur, de l'huissier qui a manqué à ses devoirs (art. 102 du décret du 3 mars 1808).

Aux termes de l'art. 103 de la loi du 25 vent. an XI, un notaire ne peut être destitué que par jugement.

n'approuva pas cette décision ; le sieur X... fut destitué,
et le décret lui fut signifié par exploit d'huissier. — En
conséquence, le sieur X... se trouvait privé du bénéfice
de l'art. 91 de la loi du 28 avril 1816. Il fallait lui trou
ver un successeur, ou supprimer son office, si aucun
candidat ne se présentait.

Examinons ces deux hypothèses.

Dans la première, le Procureur impérial doit tout
d'abord, après avoir pris, s'il le juge convenable, l'avis
de la chambre, inviter le tribunal à fixer la valeur de
l'office. Cette valeur une fois fixée, si aucun candidat ne
se présente, il est nécessaire de recourir à la publicité
pour annoncer la vacance. Généralement c'est par insertion dans les journaux de la localité qu'un appel est fait
aux candidats ; mais souvent aussi ce moyen ne suffit pas,
et il est utile d'envoyer des placards dans les départements voisins. On pourrait les transmettre aux Parquets
destinataires, sous *enveloppe contre-signée,* à titre de
papiers de service. Cependant il ne faudrait user de cette
voie qu'avec la plus grande réserve, dans un cas urgent
et seulement pour quelques affiches isolées dont l'intérêt
du service exigerait la transmission immédiate. Il résulte,
en effet, de deux lettres du Directeur général des postes,
en date du 4 août 1858 et 2 juin 1859, que l'administration considère ces affiches comme servant tout autant
l'intérêt des familles que l'intérêt public, et que, dès
lors, elles ne doivent pas circuler en franchise.

Le magistrat expéditeur ne peut, néanmoins, ni les
affranchir, ni se mettre en contravention. Il y a un moyen
bien simple de tout concilier. L'imprimeur qui les four-

nit en paie l'affranchissement. Le port des imprimés est aujourd'hui tellement modéré qu'il n'augmente que bien faiblement les avances déjà faites, avances dont l'imprimeur est plus tard remboursé en produisant, par exemple, à la contribution ouverte sur le prix de l'office.

Le directeur du journal dans lequel les insertions ont eu lieu se fait payer de la même manière. Dans tous les cas, le journal et l'imprimeur ont tous les deux contre l'officier ministériel destitué une créance qu'ils peuvent recouvrer par les voies ordinaires.

Le candidat (1) agréé par le tribunal doit produire, moins un traité, bien entendu, toutes les pièces que nous avons énumérées ci-dessus, p. 121 et suiv. Il doit, notamment, autant que faire se peut, joindre au dossier un état de produits sur timbre et dans la forme ordinaire.

Quand toutes les pièces sont rassemblées, le candidat souscrit l'engagement de verser à la caisse des consignations, *avant sa prestation de serment* et au profit de qui de droit, l'indemnité fixée par le tribunal, ou telle autre qui pourra être déterminée en dernier lieu par la Chancellerie. Cet engagement, sous seing-privé, ayant un caractère provisoire n'a pas besoin d'être enregistré; mais il doit être écrit sur timbre, et la signature du candidat doit être légalisée par le Maire; celle du Maire par le Sous-Préfet. Il n'y a pas lieu, du reste, de se préoccuper de l'incertitude qui planera sur sa portée définitive. Dans le cas où, contre toute prévision, la Chancellerie viendrait

(1) Il serait désirable que l'on pût toujours présenter trois candidats au choix du ministre, mais cela arrive rarement.

à élever le chiffre de l'indemnité fixée par les magistrats, le cessionnaire aurait toujours la faculté de se désister (1). Si, d'un autre côté, le candidat ne pouvait faire le versement dans son entier, il ferait connaître les époques qu'il désirerait prendre pour les paiements partiels. La Chancellerie exige au moins la moitié comptant avant la prestation de serment, et accorde habituellement un délai pour l'autre moitié, délai qui n'excède pas une année.

Ces formalités accomplies, on transmet par l'intermédiaire du Procureur général le dossier du postulant à S. Exc. M. le Garde des sceaux, comme on le fait de tous les autres dossiers de même nature; et si le candidat est agréé par le Ministre de la justice, il est nommé, à la charge par lui de verser à la caisse des dépôts, avant la prestation de serment et au profit de qui de droit, la la somme de..., à laquelle est fixée la valeur de l'office dont le sieur... était investi.

Lorsqu'après un certain temps aucun candidat ne s'est présenté, le tribunal peut, sur les réquisitions du ministère public, baisser la mise à prix de l'office, et si, après cette nouvelle évaluation, les diligences faites pour trouver un cessionnaire restent encore infructueuses, il faut se préoccuper de l'opportunité de la suppression de cet office et du règlement de l'indemnité.

---

(1) Il pourrait arriver que le postulant ne voulût pas payer une somme supérieure à celle fixée par le tribunal; il devrait alors, pour éviter toute difficulté ultérieure, ne pas s'engager à payer une somme indéterminée, mais restreindre son engagement au prix indiqué.

Voici, à cet égard, la marche à suivre :

Supposons toujours qu'il s'agisse d'une charge d'huissier :

1° On demande à l'huissier destitué et à chacun des huissiers de l'arrondissement ou au moins des cantons circonvoisins, un relevé pour chacune des cinq dernières années du nombre des actes posés par lui et de leur produit.

2° On consulte la chambre syndicale sur l'*opportunité* de la suppression, et dans le cas de l'affirmative, sur la *valeur* de l'office et sur la manière dont le paiement de l'indemnité devrait être *réparti* entre les huissiers auxquels cette suppression profiterait.

3° Même avis doit être demandé au Tribunal.

S'il arrivait que les huissiers auxquels la suppression profiterait pussent s'entendre entre eux (1) pour le paiement de l'indemnité, ils prendraient par écrit l'engagement de verser, dans les délais qu'ils croiraient devoir réclamer, la quote-part qui leur serait afférente à la caisse des dépôts et consignations, au profit de qui de droit.

Lorsque les huissiers ont pris cet engagement, on peut les contraindre au paiement de l'indemnité; mais il faut, avant qu'ils contractent cette obligation, les prévenir que le Tribunal conserve toujours le droit de les changer de résidence, si le service et l'intérêt des justiciables l'exigent ainsi

Lorsque, au contraire, sur leur refus de s'entendre,

(1) En cas de démission ou de décès du titulaire de l'office dont la suppression doit avoir lieu, c'est avec lui ou ses héritiers que ses anciens collègues doivent s'entendre.

Un démissionnaire ayant refusé d'accepter l'indemnité légalement fixée, la Chancellerie l'a laissé libre de chercher un successeur.

l'indemnité est mise d'office à leur charge par la Chancellerie, il n'y a pas d'action possible pour les obliger à la verser à la caisse des consignations. Ce n'est que sur le prix de leur office, lorsqu'ils en font la cession, qu'on peut en opérer le recouvrement.

Cependant cette opinion n'est pas universellement adoptée; il a été jugé que le décret supprimant une charge d'officier ministériel et répartissant l'indemnité entre les titulaires conservés, constitue un titre légitime de créance dont le titulaire de l'office supprimé ou ses ayants-droit peut demander l'exécution par les voies ordinaires (V. notamment, Orléans, 10 janv. 1863).

L'instruction de cette affaire étant terminée, on envoie les pièces au Procureur général, pour que ce haut magistrat les adresse, avec son appréciation, à la Chancellerie qui décide en dernier ressort.

MODÈLES

Nous avons dit que chaque dossier de cession doit contenir un état de produits sur timbre, certifié par le cédant et approuvé par le cessionnaire. Cet état peut être rédigé d'après les modèles ci-après (1) :

(1) Il serait à désirer que l'on adoptât partout les mêmes modèles, tels, par exemple, que ceux donnés par M. Greffier à la fin de son traité des *cessions d'offices*. On ne saurait en choisir de meilleurs, mais, tant qu'une instruction ministérielle ne le prescrivera pas, on suivra, dans chaque ressort, des modèles divers. Nous donnons ceux qui jusqu'ici ont été en usage dans le ressort de la Cour impériale de Bourges.

1° Avoués

Je soussigné, Greffier du tribunal civil de première instance de . . . . ., certifie que, pendant les années 1857, 1858, 1859, 1860 et 1861, les affaires dans lesquelles M^e . . . . . ., avoué à . . . . ., a occupé, donnent les chiffres suivants :

ANNÉE 1857

§ 1er

1° Causes inscrites au rôle . .
2° Saisies, ventes, licitations .
3° Adjudications. . . . . .
4° Notifications . . . . . .
5° Purges légales. . . . . .
6° Poursuites d'ordre. . . . .
7° Productions à ordre . . .
8° Incidents d'ordre . . . .
9° Poursuites de distribution .
10° Productions à distribution .
11° Incidents de vente. . . .

TOTAL. . .

§ 2°

1° Référés . . . .
2° Admission de gardes au serment . . . .
3° Renonciations à successions.

TOTAL. . .

Et que les sommes payées à notre greffe s'élèvent, pour cette année, à . . . .

, ANNÉES 1858, 1859, 1860 et 1861, rédigées comme l'année 1857.

RÉCAPITULATION. — NOMBRE DES AFFAIRES.

ANNÉE 1857. — § 1er. . . . | {1° . .
— § 2°. . . .
ANNÉE 1858. — § 1er. . . . | { . . .
— § 2°. . . .
ANNÉE 1859. — § 1er. . . . | { . . .
— § 2°. . . .
ANNÉE 1860. — § 1er. . . . | { . . .
— § 2°. . . .
ANNÉE 1861. — § 1er. . . . | { . . .
— § 2°. . . .

Nombre d'affaires des 5 années sus-énoncées. . . .
Produit moyen des affaires . . . .
Produit des 5 années. . . . .
Moyenne par année. . . . .

2° Huissiers

*NOMBRE des actes reçus annuellement dans l'étude de M° . . . . . ,
huissier à . . . ., pendant les cinq dernières années, et mention de
l'importance de ces actes*

ANNÉES	NOMBRE D'ACTES	PRIX MOYEN de chaque acte	PRODUIT TOTAL
1858			
1859			
1860			
1861			
1862			
TOTAL			
Dont le 1/5 est de			

3° Commissaires-Priseurs

*ÉTAT des produits de la charge de M° . . . . . ., commissaire-priseur
à . . . . . , pendant cinq années.*

ANNÉES	VENTE DE MEUBLES			INVENTAIRES		RÉUNION des produits des ventes et inventaires
	Montant	Droits d'enregistrement	Produits	Nombre	Produits	
1858						
1859						
1860						
1861						
1862						
TOTAL						
Dont le 1/5 est de						

4° NOTAIRES

ÉTAT des produits de l'office de M^e . . . . . . , notaire à . . . . . . , pendant les années 1858, 1859, 1860, 1861, 1862.

§ 1er.— Détail par chaque nature d'actes

ANNÉES	VENTES et échanges d'immeubles et de bois.			QUITTANCES			OBLIGATIONS TRANSPORTS			LIQUIDATIONS ET PARTAGES			INVENTAIRES		Donations entre époux et testam.		MARIAGES			Procurations simples et actes		BAUX ET CHEPTELS		
	Nombre	Importance	Honoraires	Nombre	Importance	Honoraires	Nombre	Importance	Honoraires	Nombre	Importance	Honoraires	Nombre	Honoraires	Nombre	Honoraires	Nombre	Importance	Honoraires	Nombre	Honoraires	Nombre	Importance	Honoraires
1858																								
1859																								
1860																								
1861																								
1862																								
Total....																								
Dont le 1/5 est de.....																								

(Suite.)

§ 2. — Récapitulation des produits, nombre des actes, droits versés à l'enregistrement

ANNÉES	NOMBRE DES ACTES			RÉCAPITULATION DES PRODUITS			PRIX DE CHAQUE ACTE	DROITS VERSÉS À L'ENREGISTREMENT
	Minutes	Brevets	Total	Honoraires	Expéditions	Total		
1858								
1859								
1860								
1861								
1862								
Total....								
Dont le 1,5 est de.....								

5° GREFFIER DE JUSTICE DE PAIX

ÉTAT des produits du greffe de la justice de paix du canton d . . . . . pendant les années 1858, 1859, 1860, 1861 et 1862.

PRODUITS DU GREFFE — Nature des Actes	COÛT	Articles du Tarif	Année 1858		Année 1859		Année 1860		Année 1861		Année 1862	
			Nombre	Produits	Nombre	Produits	Nombre	Produits	Nombre	Produits	Nombre	Produits
Extraits fournis à l'enregistrem^t.		7 avril 1813, art. 13...										
Extraits fournis à la préfecture..		18 juin 1811, a. 18; 17 juil. 1825.										
Expéditions de jugements civils .		16 févr. 1807, art. 9...										
Id. de simple police........		18 juin 1811, art. 48...										
Expéditions de procès-verbaux de non-conciliation		16 févr. 1807, art. 10..										
Conseils de famille		16 fév. 1807, art. 4 et 16										
Expéditions de conseils de famille.		16 févr. 1807, art. 9...										
Vacations à apposition et levée de scellés		16 fév. 1807, art. 1 et 16										
Procès-verbaux de bornage et d'enquête................		16 fév. 1807, art. 8....										
Expéditions desdits procès-verb.		16 fév. 1807, art. 9....										
Expéditions de déclarations affirmatives et de sinistres		16 fév. 1807, art. 9....										
Légalisations (1).		2 mai 1861										
TOTAL........												

Autres produits

	COÛT		Année 1858		Année 1859		Année 1860		Année 1861		Année 1862	
Prisées aux inventaires........		L. du 18 juin 1845, art. 1, § 1.............										
Ventes mobilières...........		L. du 18 juin 1845, art. 1, § 3.............										
TOTAL........												

RÉCAPITULATION

1° PRODUITS DU GREFFE		2° AUTRES PRODUITS	
Années { 1858		Années { 1858	
1859		1859	
1860		1860	
1861		1861	
1862		1862	
TOTAL.......		TOTAL.......	
Dont le cinquième est de ...		Dont le cinquième est de ...	

(1) Le produit des légalisations doit être inscrit sur le registre des émoluments. — Il faut remarquer que le produit des billets d'avertissement ne doit pas, aux termes de décisions du garde des sceaux, en date des mois de mars et de juillet 1858, figurer dans l'évaluation des émoluments des greffiers.

6° Greffier de Tribunal

TRIBUNAL DE PREMIÈRE INSTANCE DE . . . .

ÉTAT des produits du greffe pendant les années 1855, 1856, 1857, 1858, 1859.

DÉSIGNATION DES ACTES	ANNÉES					Totaux	Produits	Observations
	1855	1856	1857	1858	1859			
Actes de voyage............								
Adjudications définitives......								
Dires de formalités les précédant								
Adjudications frappées de sur-enchères.								
Dires les précédant..........								
Bulletins de distribution et de remises de causes........								
Bordereaux dans les ordres et distributions............								
Certificats du casier judiciaire.								
Id. de non-opposition à la déli-vrance des cautionnements..								
Commands dans les adjudica-tions................								
Compte de tutelle (procès-verbal d'ouverture)...........								
Contredits.								
Déclarations affirmatives.....								
Id. de cessation de fonctions..								
Délaissements hypothécaires..								
Dépôts de copies collationnées pour purge légale.........								
Dépôts pour demande en dis-traction................								
Dépôts pour signatures et para-phes des notaires........								
À Reporter.....								

(Suite.)

DÉSIGNATION DES ACTES	ANNÉES					Totaux	Produits	Observations
	1855	1856	1857	1858	1859			
Report...								
Dépôts de rapports d'experts, sentences..............								
Id. empreintes de marteaux...								
Id. répertoires des notaires...								
Id. extraits de contrats de mariage..............								
Id. extraits de jugements ou demandes en séparations de biens..............								
Id. cahier des charges.......								
Enquêtes............								
Exécutoires de dépens.......								
Interrogatoires sur faits et articles pour interdictions et nominations de conseils judiciaires..............								
Jugements civils (1)								
Id. correctionnels, parties civiles								
Id. de sursis dans les ventes...								
Dires les précédant..........								
Mises au rôle (droit de).......								
Ordonnances d'exéquatur.....								
Ouvertures d'ordre								
Id. d'enquêtes..............								
Procès-verbaux, jury d'expropriation, utilité publique...								
Publications des cahiers de charges								
Dires les précédant								
Référés...................								
Retraits de pièces								
A Reporter.....								

(1) Par *jugements civils*, on entend désigner les minutes de tous les jugements reus de simple remise exceptés, prononcés par le tribunal jugeant civilement. — L'émolument alloué pour ces actes est fixé par les art. 1, parag. 11, et 9, parag. 3, de la loi du 21 mai 1854, rappelés dans le relevé des droits de greffe (parag. 39 publié le 5 mars 1856 par la commission des greffiers.

(Suite.)

DÉSIGNATION DES ACTES	ANNÉES					Totaux	Produits	Observations
	1855	1856	1857	1858	1859			
Report....								
Règlements définitifs, ordres et distributions								
Règlements provisoires, ordres et distributions								
Dires les discutant ou contredits.								
Renonciations et acceptations bénéficiaires								
Réquisitions d'ouvertures d'ordres et distributions.......								
Secondes grosses, procès-verbaux de délivrance.........								
Serments de gardes..........								
Certificats rédigés à chaque commission de garde								
Serments de notaires et autres fonctionnaires publics								
Serments d'experts.........								
Soumissions de cautions avec dépôt de pièces								
Surenchères...............								
Testaments, ouverture et description.....								
Jugements validant des surenchères...............								
Jugements sur requête non compris ceux à la requête d'indigents.								
TRIBUNAL DE COMMERCE								
Jugements..............								
Vérifications de créances dans les faillites.............								
Inventaires (dépôt d')								
Bilans (dépôt de)...........								
A Reporter. ...								

(Suite).

DESIGNATION DES ACTES	ANNÉES					Totaux	Produits	Observations
	1855	1856	1857	1858	1859			
Report.....								
Actes de société (dépôts d') ...								
Concordats.............								
Contrats d'union..........								
PRODUITS GÉNÉRAUX								
Expéditions (rôles).........								
Extraits d'actes d'état civil...								
Légalisations............								
Communications de pièces déposées..............								
Recherches de pièces diverses .								
FRAIS DE JUSTICE CRIMINELLE								
Expéditions et extraits fournis au parquet...........								
Extraits fournis au receveur d'enregistrement........								
Extraits fournis à l'administration forestière..........								

RÉCAPITULATION

	Produits
Tribunal civil	
Tribunal de commerce	
Produits généraux.	
Frais de justice criminelle	
TOTAL.	
Dont le 1/5 est de. . .	

CHAPITRE XXI

TRAVAUX STATISTIQUES

Nous avons dit, ci-dessus, p. 19 et suiv., que les Procureurs impériaux envoient deux fois par an au Parquet de la cour le compte-rendu de l'administration de la justice dans leur arrondissement.

L'un de ces comptes-rendus est envoyé en septembre pour servir d'élément à la mercuriale. Il est rédigé au Greffe et le Procureur impérial n'a qu'à le transmettre.

Les cadres destinés au second sont envoyés par la Chancellerie dans le courant de décembre. Nous en avons donné l'énumération ci-dessus, p. 63.

Le compte civil est dressé au Greffe sous la surveillance du Procureur impérial.

Le compte criminel est dressé au Parquet. Dans l'origine il était trimestriel, et peu compliqué (art. 200, C. inst. crim.). Depuis 1825 il est annuel mais les chiffres qui le composent sont tournés et retournés de vingt façons diverses et de telle sorte qu'ils se contrôlent les uns les autres. Une telle besogne est-elle utile? Elle ne l'est certainement pas pour les magistrats qui la font (1), et je ne pense pas qu'elle le soit beaucoup pour d'autres (2). Considérablement simplifiée, elle suffirait au moraliste le plus exigeant, mais tout ce que nous dirions ici ne ferait pas que le compte dont s'agit serait diminué d'une seule colonne. Il faut donc l'accepter tel qu'il est, et, utiles ou non, en soigner également toutes les parties.

Entrons, en conséquence, dans quelques explications (3) :

Page 6 du compte (4).

Nous avons dit ci-dessus, p. 22 et 23, comment doit être rédigé *l'État des affaires jugées par les tribunaux de simple police* (5). Nous n'ajouterons à cet égard qu'un seul mot, mais c'est pour indiquer une concordance; —

(1) « Aucun renseignement statistique n'est complétement dénué d'intérêt, mais un intérêt de pure curiosité ne mérite pas que tant de magistrats perdent leur temps à le satisfaire. » De Molènes, t. 2, p. 163.

(2) « La statistique a cela de particulier qu'elle peut fournir des armes aux opinions les plus opposées, » paroles de S. Exc, le Garde des sceaux, M. Baroche, à la séance de l'assemblée législative du 27 mars 1867.

(3) Pour bien comprendre ces explications il est nécessaire d'avoir sous les yeux un exemplaire d'un compte-rendu.

(4) Nous commençons nos explications par les pages 6 et 7 parce que ces pages sont les plus faciles à remplir, et que c'est par elles que, pour mieux s'habituer au genre de travail qui nous occupe, il faut commencer lorsque l'on n'a jamais rédigé le compte.

(5) Depuis l'impression de ces pages 22 et 23, une modification a été apportée aux cadres envoyés aux Juges de paix. La colonne 11 est maintenant destinée à faire connaître le nombre des jugements susceptibles d'appel et la colonne 12 à faire connaître le nombre des appels formés. Il n'y a plus, sur ces cadres, de colonne destinée à consigner les observations du magistrat rédacteur et, dans le cadre VIII de la page 6 du compte, la colonne 12 a changé de destination.

Le total des colonnes 2 et 3 réunies doit être égal au total de la colonne 14.

Page 7.

Pour remplir les cadres A, B et F de la page 7 du compte, il faut se reporter aux procès-verbaux classés au Parquet, pendant l'année, comme ne pouvant donner lieu à aucune poursuite.

Ce travail n'est qu'un travail matériel si, en classant les procès-verbaux, on a soin d'indiquer sur chacun d'eux, au moment de sa réception, de *quel agent il émane* (v. la première page du compte, renseignements généraux, lettre A, lignes 4° et suivantes), la *nature de l'affaire* et le *motif du classement*.

Exemple :

GENDARMERIE

VOL SIMPLE

SANS GRAVITÉ

En se reportant à ces indications, il est facile de diviser les procès-verbaux en autant de séries qu'il y a de colonnes dans le cadre F et de fournir un contingent aux lignes 4 et suivantes des RENSEIGNEMENTS GÉNÉRAUX, 1re page, lettre A.

Dans le cadre F, le total général de la colonne 2 doit être égal aux totaux réunis des colonnes 3, 4, 5, 6, 7, 8 et 9, et doit être reproduit à la lettre B de la 1re page du compte, au nombre des *affaires classées au Parquet comme ne pouvant donner lieu à aucune poursuite.*

Il faut encore remarquer, concernant ce cadre F, que le nombre des morts accidentelles et celui des suicides (cadres A et B) qui n'ont pas donné lieu à une instruction

doivent se retrouver inscrits dans la colonne 2 aux mots :
Morts accidentelles. Suicides.

Le cadre C ne présente aucune difficulté. Il porte en lui-même ses concordances.

Page 8.

Après les pages 6 et 7, la page 8 du compte est celle qui présente le moins de difficultés à rédiger, bien qu'au premier abord il semble que l'on y ait à plaisir multiplié, sans intérêt, les distinctions et sous-distinctions.

On y décompose le nombre des ordonnances rendues dans l'année par le Juge d'instruction.

Les renseignements demandés aux lettres A, B, C, colonne 14, sont faciles à donner. Une seule concordance est à signaler. Le total général de la lettre C doit être égal au total des *affaires dont le Juge d'instruction s'est dessaisi dans l'année*, lettre D des renseignements généraux, p. 1.

Le grand état VII est relatif aux ordonnances de non-lieu (col. 2, 3, 4, 5, 6, 7 et 8), et aux affaires dans lesquelles un ou plusieurs des inculpés seulement ont été déchargés des poursuites pendant que les autres étaient renvoyés devant la juridiction compétente. Il indique, colonnes 12 et 13, quelles sont les concordances à observer dans cet état lui-même. Le total de la colonne 12 doit concorder avec les totaux réunis des colonnes 3, 7 et 10, et le total de la colonne 13 doit être égal aux totaux réunis des colonnes 4, 8 et 11. Mais il faut remarquer :

1° Que le total de la colonne 12 et par conséquent le total des colonnes 3, 7 et 10 réunies (ces deux totaux étant comme nous venons de le dire, égaux entre eux), doivent être égaux au total de la colonne 2 de l'état VI, p. 4, DÉTENTION PRÉVENTIVE. En effet, tous les individus portés dans ces diverses colonnes 3, 7, 10 et reportés dans la colonne 12, ont été détenus pendant l'instruction suivie d'une ordonnance de non-lieu. Ils doivent, en conséquence, se retrouver dans le cadre réservé à la détention préventive et y être indiqués comme *déchargés des poursuites par des ordonnances de non-lieu.*

2° Que le total des colonnes 2, 8 et 6 réunies doit être égal *au nombre des affaires dont le Juge d'instruction s'est dessaisi* dans l'année, *portant qu'il n'y a lieu à suivre contre aucun des inculpés,* lettre D, des RENSEIGNEMENTS GÉNÉRAUX, p. 1.

Il résulte de ces explications que la page 8 a pour but de contrôler, en le décomposant, l'exactitude : 1° du nombre total des ordonnances du Juge d'instruction; 2° du nombre des ordonnances de non-lieu; 3° du nombre des détenus préventivement déchargés par suite de ces dernières ordonnances. (Lettre D, p. 1; état VI, p. 4.)

Terminons en faisant remarquer que, pour fournir un nouveau contingent aux lignes 4 et suivantes des RENSEIGNEMENTS GÉNÉRAUX, 1re page, lettre A, il est nécessaire de prendre note, comme pour les procès-verbaux sans suite (v. ci-dessus p. 116), de quels officiers de police judiciaire émanent les procès-verbaux, bases des poursuites terminées par une ordonnance de non-lieu à l'égard de tous.

Pages 2 et 3.

Ces deux pages ne contiennent qu'un seul état, mais il est divisé en 37 colonnes auxquelles en est ajoutée une trente-huitième, spécialement destinée à faire connaître *le résultat des appels !* Il est le plus long à rédiger. Le plus difficile est l'état II de la page 4 qui se compose des mêmes chiffres combinés d'une autre façon. Nous en parlerons tout à l'heure. Quant à présent nous devons nous borner à parler de l'état I, p. 2 et 3.

Les totaux partiels et généraux de la colonne 2 doivent être égaux aux totaux partiels et généraux des colonnes 4, 5, 6, 7, 8 et 9 réunies. En effet, la colonne 2 indique le nombre total des affaires jugées dans l'année par le tribunal, et les colonnes 4, 5, 6, 7, 8 et 9 en indiquent la décomposition.

La colonne 3 indique le nombre des prévenus. En conséquence, le chiffre inscrit sur chaque ligne de cette colonne doit être égal aux chiffres réunis : 1° des colonnes 10, 11, 12, 13, 14 et 15 qui classent les prévenus d'après leur sexe et leur âge ; 2° des colonnes 16, 17, 18 et 19 qui classent ces prévenus en arrêtés ou non arrêtés avant le jugement ; 3° des colonnes 21, 22, 23, 24, 25 et 26 qui les classent, d'après le résultat de la poursuite, en acquittés, condamnés, etc.

Enfin les prévenus condamnés se divisent en deux catégories, *condamnés à l'amende, condamnés à l'emprisonnement,* et ces derniers sont classés eux-mêmes dans deux colonnes distinctes selon qu'ils ont été condamnés à moins d'un an ou à un an et plus. D'où la conséquence que chaque ligne de la colonne 22 doit être égal aux chiffres inscrits sur chaque ligne des colonnes 27, 28 et 29 réunies, et que le total de cette même colonne 22 doit être égal aux totaux réunis des colonnes 27, 28 et 29.

Il est même à remarquer que le total de la colonne 22, égalant les totaux réunis des colonnes 27, 28 et 29, on doit faire concorder le total de la colonne 3 et les totaux des colonnes 21, 23, 24, 25, 26 d'une part, réunis aux totaux des colonnes 27, 28 et 29 d'autre part, remplaçant celui de la colonne 22.

Telles sont les concordances qu'il faut observer dans la confection de cet état lui-même. Mais ce n'est pas tout, il faut encore faire concorder divers de ces totaux avec d'autres chiffres épars dans les première et troisième pages du compte. Ainsi à la lettre B des RENSEIGNEMENTS GÉNÉRAUX, on demande le nombre des affaires portées directement à l'audience, soit par le ministère public sur citation directe ou en vertu de la loi du 20 mai 1863, soit par la partie civile. Il est évident que ces nombres doivent être les mêmes que le total de chacune des colonnes 6, 7, 8 et 4 de l'état I, p. 2.

Dans le tableau D on demande le nombre des ordonnances de renvoi en police correctionnelle. Ce nombre doit être égal au total de la colonne 9 de l'état I. Pour qu'il ne le fut pas, il faudrait qu'une ordonnance ayant été signée, l'affaire n'eut pas été déférée au tribunal dans l'année du compte, mais dans ce cas, il serait nécessaire d'expliquer cette apparente contradiction. Il est beaucoup plus simple de ne régler avec le Juge d'instruction que les affaires pouvant venir utilement à l'audience avant le 31 décembre. En effet, la statistique, poussée dans ses limites extrêmes, étant l'art de faire concorder des chiffres, il faut apporter dans l'exercice de cet art le plus d'habileté et de simplifications possibles.

Au cadre VI de la page 4, DÉTENTION PRÉVENTIVE, on

demande entr'autres choses le nombre des individus
arrêtés préventivement dans l'année du compte, et qui
ont été mis en liberté provisoire, acquittés ou condamnés.
Le chiffre formé par les totaux réunis des colonnes 16,
17 et 18 de l'état I, doit donc servir, pour une portion,
à composer ce cadre VI, de même qu'on y retrouve le
nombre des détenus préventivement déchargés des poursuites par des ordonnances de non-lieu (col. 2 de l'état VI,
col. 12 de l'état VII), et le nombre de ceux qui ont été
renvoyés devant la chambre d'accusation (col. 6 de
l'état VI).

Une dernière observation. En recueillant les renseignements nécessaires à la rédaction de cet état I, il faut
noter de quels officiers de police judiciaire émanent les
procès-verbaux, bases des poursuites. Cela est indispensable pour compléter les renseignements généraux demandés lettre A, p. 1, le total des affaires dont le Procureur impérial a eu à s'occuper, pendant l'année, comprenant nécessairement le nombre des affaires reçues et
jugées dans l'année.

Page 4.

L'état II de cette page est la reproduction de l'état I
des pages 2 et 3, mais les chiffres y sont groupés d'une
façon différente. Ainsi, dans l'état I, les enfants remis à
leurs parents sont inscrits non pas parmi les acquittés
(col. 21), mais dans la colonne 23. Au contraire, dans
l'état II ces enfants sont placés avec les autres acquittés.
— Dans l'état I les jeunes prévenus, envoyés dans une
maison de correction, forment une catégorie spéciale
(col. 25 et 26); dans l'état II ils doivent être classés dans

les colonnes 6 à 16 comme s'ils avaient été condamnés à l'emprisonnement.

Ainsi encore dans l'état I, les prévenus classés dans les dix dernières lignes selon l'âge et le sexe, ne le sont plus que selon le sexe dans l'état II.

Pour rédiger ce dernier état il faut, en outre, tenir compte du résultat des appels.

Ainsi, en première instance, 23 individus ont été acquittés, mais l'un d'eux a été, en appel, condamné à l'amende. Dans l'état II le nombre des acquittés devra être diminué et celui des condamnés à l'amende augmenté *d'une unité*.

Supposons une difficulté plus compliquée.

Dans l'état I on a porté comme acquittés 23 individus, et 3 prévenus de moins de 16 ans ont été inscrits dans la colonne 23 comme remis à leurs parents.

En appel, l'un des acquittés a été condamné à l'amende, l'autre à l'emprisonnement. Il faut tenir compte de ce double résultat dans l'état II, et par conséquent augmenter *d'une unité* le nombre des condamnés à l'amende et le nombre des condamnés à l'emprisonnement. Le nombre des acquittés devrait être (col. 3) réduit à 21, mais, comme il faut porter dans cette colonne, comme acquittés, les 3 enfants remis à leurs parents, le total de cette colonne est relevé à 24.

Ces explications comprises, les concordances qui doivent exister entre l'état II et les autres états du compte sont faciles à saisir. Le total des prévenus doit évidemment être le même dans cet état que dans l'état I (col. 3). Les chiffres partiels qui composent les huit premières lignes de cet état II, col. 2, doivent concorder avec les totaux portés aux colonnes 10, 11, 12, 13, 14 et 15 de l'état I, mais il faut observer que dans l'état II on a fait deux catégories des hommes ou femmes de plus de 21 ans ou d'âge inconnu, tandis qu'ils n'en font qu'une dans les colonnes 12 et 15 de l'état I. Il faut observer encore que les deux chiffres portés aux lignes IX et X, col. 2 de l'état II, doivent être égaux au total des chiffres inscrits aux dix dernières lignes de la colonne 3 de l'état I.

D'autres concordances peuvent exister entre les deux états dont s'agit, mais elles peuvent aussi ne pas exister. En effet, l'état II devant présenter le résultat des appels, il est évident que le nombre des prévenus acquittés ou condamnés peut ne pas être le même dans les deux états. La durée de l'emprisonnement peut varier aussi, et aussi le nombre des condamnés en faveur desquels les circonstances atténuantes ont été admises.

L'état II doit au contraire concorder avec les états III et V, p. 4. Ces derniers, du reste, sont très-faciles à rédiger, et portent en eux-mêmes leurs concordances.

Une réflexion semblable est applicable à l'état IV. Une seule observation est à faire. Le total de la colonne 4 doit être égal au total de la colonne 2 de l'état I.

L'état VI destiné à rendre compte de la durée de la détention préventive doit nécessairement rappeler des chiffres déjà inscrits dans d'autres états du compte. Ainsi :

Le total de la colonne 1 égal le total de l'état F de la première page.

Le total de la colonne 2 égal celui de la colonne 12 de l'état VII.

Il faut remarquer que le total général de toutes les colonnes de l'état VI doit être le même que l'on fasse *verticalement* ou *horizontalement* l'addition de tous les chiffres contenus dans ces colonnes, et qu'il doit être égal au total de l'état E, première page du compte.

Page 1.— *Renseignements Généraux.*

Le compte terminé dans ses détails, il est très-facile de rédiger la première page.

Du reste, les concordances y sont indiquées soit formellement soit implicitement.

Elles le sont formellement entre les tableaux A et B entre eux, et C et D également entre eux.

Elles le sont implicitement entre : 1° le tableau E et l'état VI de la page 4 ; 2° entre les différentes lignes de l'état D et le nombre *des ordonnances de non-lieu* d'une part, et le nombre des affaires jugées *après instruction préalable* d'autre part. (État VII : état I, col. 9.)

Telles sont ACTUELLEMENT les principales concordances du compte. Les autres se reconnaissent à la simple inspection des divers tableaux qui le composent.

Nous avons dit à l'aide de quelles indications on parvient à dresser facilement les états des pages 5 et 7. Beaucoup de systèmes ont été et sont encore employés pour recueillir les données nécessaires à la rédaction des pages 2 et 3.

Le plus simple consiste à relever, pour chaque affaire, sur le registre du Parquet, les indications utiles, à les consigner sur des bulletins séparés, et à faire de ces nombreux bulletins autant de classements qu'il en faut pour répondre à toutes les exigences du compte. Pour

que ces classements soient exacts il faut autant de cartons
que de *prévenus*, mais on ne porte que sur l'un d'eux
les renseignements nécessaires pour la rédaction du tableau A, p. 1, et les renseignements exigés par les inti-
tulés des colonnes 1, 4, 5, 6, 7, 8 et 9 de l'état I, tels
que la *nature de l'affaire*, la désignation de l'*officier de
police judiciaire* duquel émane le procès-verbal et si
l'affaire est venue à l'audience sur *citation directe* ou
après *instruction*, etc. (1).

Supposons une affaire de chasse, N° 59 du registre,
jugée sur citation directe et dans laquelle étaient cités
deux prévenus dont l'on a été condamné à l'amende et
l'autre acquitté. On fera deux bulletins, l'un rédigé
ainsi :

N° 59.

Chasse. (2 prévenus).

GENDARMERIE

Pierre Jacquino   18 ans,

Condamné à l'amende.

et l'autre rédigé de cette façon :

N° 59.

Albert Petit, 25 ans,

Acquitté.

Ces deux bulletins sont d'abord attachés ensemble

(1) On peut employer ce système pour le classement des procès-verbaux
sans suite.

pour que l'affaire ne soit comptée qu'une seule fois, et lorsque le travail relatif à la nature de l'affaire elle-même et à son origine est terminé, on les sépare pour qu'il y ait autant de bulletins que de prévenus.

Nous avons dit que dans l'état II, p. 4, on doit tenir compte du résultat des appels. Ce résultat doit être consigné dans la colonne 38, p. 3. Soit un individu condamné pour rupture de ban à un mois de prison qui relève appel. Il est condamné par la cour à 13 mois sur appel à *minimâ* interjeté à l'audience par le Procureur général. Dans l'une des colonnes 28 ou 34 on indique un renvoi par une lettre de l'alphabet, soit la lettre A, et dans la colonne 38 on met cette mention : (A) *Appel d'un prévenu condamné à un mois d'emprisonnement. — Arrêt qui élève la peine d'un mois à treize mois, sur appel à minimâ interjeté à l'audience.*

Tous les appels doivent être indiqués de cette façon, et s'ils sont nombreux on doit en résumer succintement les résultats. Exemple :

RÉSUMÉ DES APPELS

Arrêts confirmatifs	4
Id. qui élève la peine à 13 mois de prison	1
Id. qui condamne à 1 mois un prévenu acquitté. .	1
Id. qui condamne à l'amende un prévenu acquitté.	1
TOTAL	7

Le compte est terminé par des OBSERVATIONS GÉNÉRALES dont le cadre est largement tracé par ce compte lui-même, et qui par conséquent ne présentent, dans leur rédaction, aucune difficulté (1). Aussi nous ne ferons qu'une seule remarque parce qu'elle nous paraît d'une utilité pratique, ayant pour but d'aller au-devant d'explications que l'on peut demander au Parquet si le compte ne s'explique pas à cet égard. On désire savoir la cause des *acquittements dans les affaires poursuivies d'office.* Ces acquittements ne doivent pas être trop nombreux. S'ils l'étaient, ils accuseraient de la part du Tribunal une trop grande indulgence, ou de la part du Ministère public trop de précipitation ou de légèreté dans la poursuite.

Pour bien apprécier la marche de l'administration de la justice en cette partie, on devrait moins s'attacher au nombre des individus acquittés qu'au nombre des affaires poursuivies par le Parquet et dans lesquelles le seul prévenu ou tous les prévenus ont été acquittés. (V. état III, col. 7, ligne 1.)

En effet, il arrive souvent que dans une affaire dirigée contre plusieurs inculpés, l'un d'eux, traduit comme prévenu devant le Tribunal, est acquitté parce que les charges qui s'élèvent contre lui ne sont pas suffisantes. Cependant il a été cité comme prévenu non comme témoin. Sa déposition étant nécessaire, il valait mieux qu'il comparût devant le Tribunal à côté de ses codélinquants qu'à côté de leurs victimes. L'opinion publique en est satisfaite, la justice n'en souffre pas, et pour venir déposer de sa propre faute, le prévenu dont s'agit n'a pas été taxé comme témoin, ce qui, dans le cas où les co-prévenus condamnés sont insolvables, est une

(1) Le compte de l'administration de la justice civile est également terminé par des observations générales.

économie pour le trésor. En ce qui concerne les affaires dans lesquelles le seul ou tous les prévenus ont été acquittés, beaucoup de ces prévenus sont poursuivis en vertu de procès-verbaux faisant foi jusqu'à preuve contraire (chasse, pêche, roulage). Il est évident que la responsabilité de la poursuite doit peser sur les rédacteurs seuls des procès-verbaux.

ÉTAT DES RÉCIDIVES

Avec le compte-rendu de l'administration de la justice criminelle, le Procureur impérial doit, dans la première quinzaine de février et, autant que possible, le 1er de ce mois, adresser au Procureur général un ÉTAT *des individus jugés pendant l'année du compte et précédemment condamnés pour crimes, délits ou contraventions à quelque peine et par quelque tribunal que ce soit.*

Le cadre de cet état, connu sous le nom d'état des récidives, est envoyé du ministère. (V. ci-dessus, p. 23 et 65.) Il est rédigé au greffe, moyennant un salaire de 10 centimes par nom (circ. du 3 octobre 1828). Sa rédaction n'offre aucune difficulté, pourvu que le rédacteur se pénètre bien des instructions que contient cet état lui-même. Le Greffier trouve sur les bulletins N° 2, que doivent contenir tous les dossiers de poursuite (voir ci-dessus, p. 59), la plus grande partie des renseignements nécessaires, et de son côté le Procureur impérial doit se procurer ceux qui manquent. A moins de circonstances particulières la correspondance, assez nombreuse du reste, consiste en cette matière, à s'informer des lieux où les peines prononcées antérieurement contre les récidivistes ont été subies (col. 7), et l'époque précise de la libération (col. 8). Ces renseignements se demandent au Parquet du Tribunal qui a prononcé le jugement de l'exécution duquel on s'enquiert.

Ils ne sont demandés que pour les condamnations dont les prévenus, jugés (condamnés ou acquittés, v. col. 12) en récidive dans l'année du compte ont été libérés dans le cours des cinq années précédentes. Ainsi, pour l'état des récidives de 1867, il a été inutile de rechercher en quels lieux avaient été subies les peines dont la libération avait eu lieu avant 1862.

L'état des récidives (1) n'offre avec le compte-rendu qu'une concordance forcée et qui est indiquée dans la colonne des observations de l'état 1 de ce compte. Elle est relative aux condamnés en rupture de ban qui évidemment sont toujours en récidive.

(1) Les vagabonds sont toujours nombreux sur l'état des récidives. C'est que pour cette catégorie d'individus le régime des maisons d'arrêt est beaucoup trop doux. Ils sont nourris et chauffés et ne se livrent à aucun travail, ou à peu près. Ils considèrent les prisons comme des hôtelleries où ils peuvent agréablement passer l'hiver. Aussi, loin d'éviter la gendarmerie, ils vont eux-mêmes se constituer prisonniers. L'un d'eux traitait, dans une lettre que j'ai lue, les gendarmes de *brigands* parce qu'au lieu de l'arrêter, ils l'avaient hébergé à la caserne. J'en connais un autre qui, âgé de 33 ans seulement, a été déjà 27 fois condamné ! etc.

Ces *rouleurs*, comme on les appelle en argot de prison, démoralisent par leurs mauvais conseils leurs co-détenus. L'état des récidives serait très-utile si de son examen on tirait cette conséquence qu'il faut guérir la société de la plaie du vagabondage, en donnant aux tribunaux le droit de prononcer la peine de la déportation à Cayenne ou ailleurs, contre tout vagabond précédemment condamné trois ou quatre fois. Cette peine de la déportation remplacerait, même avec beaucoup d'avantages, la mise des vagabonds sous la surveillance de la haute police qui, souvent, empêche un condamné de revenir au bien, en l'empêchant de trouver du travail. Dans tous les cas, du reste, la surveillance n'a pour résultat que d'accroître le nombre des *rouleurs*.

Il faut donc que le nombre de ces condamnés soit le même sur l'état des récidives et sur le compte.

Les autres condamnés pouvaient être en récidive ou ne pas y être. Il n'y a donc pas de concordance possible à leur égard, mais il faut faire attention à ne pas inscrire dans l'état des récidives plus de condamnations pour tel ou tel délit qu'il n'y en a d'indiquées dans le compte. Ainsi il ne faudrait pas porter dans cet état, comme ayant été prononcées dans l'année, deux condamnations pour débit illicite de boissons, et n'en porter qu'une dans le compte. Le contraire pourrait avoir lieu parceque l'un des deux condamnés pourrait être en récidive et l'autre n'avoir jamais été condamné.

CHAPITRE XXII

VÉRIFICATION DES MÉMOIRES

DE FRAIS DE JUSTICE CRIMINELLE

Les frais de justice criminelle sont à la Chancellerie l'objet d'un sévère examen. La moindre erreur est relevée. Il importe donc que les officiers du Parquet, chargés par l'art. 3 de l'ordonnance du 28 nov. 1838 de la première vérification des *mémoires* dont ils doivent requérir taxe, apportent à cette partie si importante de leur service la plus grande exactitude. (Circulaire du 19 juillet 1856.)

Ce travail paraît long et fatigant; mais en ayant soin de tenir note des observations faites par la chancellerie lorsque les mémoires inexacts sont retournés, on arrive promptement à acquérir une connaissance, sinon approfondie, au moins suffisante du décret du 18 juin 1811, en ce qui concerne la taxe des *mémoires* dont s'agit.

Du Bordereau.

Dans la première quinzaine de chaque mois (Circulaire du 8 décembre 1838), les Procureurs impériaux, qui ont dû réunir tous les doubles des *états et mémoires* des frais taxés et mandatés pendant le mois précédent par les magistrats de leur arrondissement, en dressent un BORDEREAU qu'ils transmettent directement avec toutes les PIÉCES A L'APPUI à Son Excellence M. le Garde des sceaux (1).

Un modèle de ce bordereau existe dans tous les Parquets, et au mois de décembre de chaque année, on reçoit de la Chancellerie des cadres imprimés en quantité suffisante.

Des Pièces à l'appui.

Comment les pièces à l'appui du bordereau se centralisent-elles au Parquet?

Pour le faire bien comprendre, il est nécessaire d'entrer dans quelques explications :

Les frais de justice criminelle se divisent en *frais urgents et frais non urgents* (art. 132 et suiv. du décret du 18 juin 1811).

Les premiers sont ceux qu'il y a *urgence* à acquitter; telles sont les indemnités des témoins et les dépenses relatives à des fournitures ou opérations pour lesquelles les parties prenantes ne sont pas habituellement employées,

---

(1) Il faut avoir soin de se conformer, pour cet envoi, aux prescriptions de la circulaire du 6 août 1861. (Direction des affaires criminelles, 4ᵉ bureau, bordereau mensuel.) V., ci-dessus, p. 6, note; p. 62.

comme le salaire d'un ouvrier que, dans un transport, on occupe à un travail de sa profession.

Les seconds sont ceux, au contraire, faits par des parties prenantes habituellement employées, comme les huissiers, les greffiers, les médecins, etc. On comprend, en effet, qu'il n'y ait aucune nécessité de payer immédiatement ces diverses personnes. Leur service est trop souvent requis, et elles n'attendent pas, pour vivre, le salaire de chaque jour.

Les frais urgents sont acquittés sur simple taxe et mandat du juge (1) mis au bas des réquisitions, copies de citations, etc.

Le dernier jour de chaque mois, les Receveurs de l'enregistrement réunissent en un seul état (2), dressé en double expédition, tous les FRAIS URGENTS qu'ils ont acquittés. Ils en envoient une expédition au directeur de l'enregistrement de leur département avec les taxes à l'appui, et une autre au Procureur impérial, qui la transmet au Ministre de la justice avec le bordereau

(1) Ce mot *juge* ne doit pas s'appliquer qu'au juge d'instruction. A l'audience, le Président du tribunal taxe les témoins, et en cas de flagrant délit, le Procureur impérial ou ses auxiliaires peuvent faire payer les indemnités réclamées par les personnes dont ils ont requis le service. Le Parquet taxe même les frais occasionnés par la translation en voiture des prévenus, du lieu de leur arrestation au lieu où est situé la maison d'arrêt, lorsqu'ils n'ont pas été arrêtés en vertu d'un mandat délivré par le juge d'instruction.

(2) En fait et probablement pour la commodité du service, au lieu de ne dresser qu'un seul état des frais urgents, comme le veut l'ordonnance de 1838, les Receveurs de l'enregistrement en dressent deux qu'ils envoient au Parquet. L'un est *le relevé des sommes payées aux témoins et aux jurés;* l'autre *l'état des frais urgents* autres que les indemnités de témoins et jurés, payés sur simple taxe. V., ci-dessus, p. 52.

mensuel (art. 4 de l'ordonnance du 28 nov. 1838), et les autres pièces, dont nous allons parler, relatives aux FRAIS NON URGENTS (1).

Les frais non urgents sont acquittés sur états ou mémoires rédigés, taxés et centralisés au Parquet de la manière suivante :

Pour avoir paiements de ces frais *non urgents* les parties prenantes dressent *deux* expéditions de leur état ou mémoire, toutes deux sur papier libre, si la somme réclamée n'excède pas 10 fr. (2), et dans le cas contraire, l'une sur timbre, l'autre sur papier libre. Ces deux expéditions sont remises au ministère public, qui, après avoir procédé à la vérification des mémoires, en requiert taxe. La taxe faite par le magistrat compétent (président du tribunal ou juge de paix, suivant qu'il s'agit de frais de police correctionnelle ou de simple police), l'officier du ministère public rend à la partie prenante le mémoire sur timbre, et garde celui sur papier libre, pour que ce mémoire de frais non urgents soit transmis par le Procureur impérial (3) au ministre de la justice, avec le *bordereau mensuel* et les états de frais urgents.

(1) Les nouveaux Receveurs de l'enregistrement envoient quelquefois au Parquet un état des *frais non urgents* qu'ils ont payés, mais cet envoi n'est pas exigé ; il est même inutile, le Procureur impérial ayant entre les mains, comme nous allons le dire, un double de tous les mémoires de frais de cette nature, taxés ou mandatés pendant le mois précédent.

(2) Art. 146 du décret du 18 juin 1811 ; Circulaire du 30 septembre 1861.

(3) Il va de soi que, lorsque la taxe a été faite par un Juge de paix, c'est à ce magistrat ou au Commissaire de police à adresser au Procureur impérial le double sur papier libre, et ils doivent ne pas mettre de retard à cet envoi, car si ce double était transmis tardivement, il faudrait que le Parquet dressât un bordereau supplémentaire pour la Chancellerie.

De la vérification des pièces à l'appui.

Nous allons signaler les erreurs qui se rencontrent le plus communément dans les *mémoires* (1); mais disons, d'abord, quel est le résultat d'une première vérification incomplétement faite, et par conséquent du paiement d'une somme indûment allouée, car il est rare que le magistrat taxateur n'accorde pas la somme portée au réquisitoire.

La Chancellerie, par l'intermédiaire du Procureur général, renvoie, avec une feuille d'observations, au Parquet expéditeur le mémoire revêtu d'une taxe irrégulière, et charge le Procureur impérial d'inviter la partie prenante à verser à la caisse du Receveur particulier la somme qu'elle a touchée sans droit, ou à fournir les explications qu'elle croira devoir produire à l'appui de la taxe. Si cette partie prenante ne voulait pas restituer (2),

(1) Nous ne parlons que des MÉMOIRES, parce que le Parquet, comme nous l'avons expliqué ci-dessus, ne requiert que la taxe des frais non urgents réclamés par mémoire, les frais urgents étant payés sur simple taxe du juge et quelquefois du Parquet. Du reste, ces dernières taxes sont aussi examinées à la Chancellerie. Si le magistrat taxateur a alloué à un témoin domicilié à plus d'un myriamètre 1 fr. 50 c. par myriamètre, au lieu de 1 franc, lorsqu'il ne sort pas de son arrondissement (décret du 7 avril 1813, art. 2, § 1 et 2); ou si ce magistrat a accordé à des témoins sortant de leur arrondissement mais non domiciliés à plus d'un myriamètre du lieu où ils ont été entendus, la taxe allouée pour indemnité de voyage (art. 2 du décret du 7 avril 1813, § 1), au lieu de celle pour détournement de travail (art. 27 et 28 du décret du 18 juin 1811); en un mot si une erreur de taxe a été commise, le juge est invité à la réparer en restituant la somme indûment allouée.

(2) Lorsqu'elle restitue, on joint aux observations de la Chancellerie que l'on retourne au Procureur général un récépissé délivré par le Receveur particulier et visé par le Sous-Préfet.

et si la Chancellerie persistait à penser que les magistrats taxateurs se sont trompés, ces derniers seraient responsables envers le Trésor, sauf leur recours contre le bénéficiaire de la taxe (art. 141 du décret du 18 juin 1811).

Il arrive quelquefois que les Receveurs de l'enregistrement, s'apercevant d'une erreur dans la taxe, refusent le paiement d'un mémoire. C'est un droit qu'ils ne peuvent pas s'arroger; aucune disposition législative ne les autorise à se substituer au juge taxateur et à réformer sa taxe.

« Par suite de la responsabilité des magistrats (1), les Receveurs ne sont pas fondés à refuser ou suspendre le paiement des taxes et exécutoires, lorsqu'il n'existe dans les pièces produites aucune omission ou irrégularité matérielle; mais ils sont personnellement responsables des erreurs ou irrégularités résultant de l'insuffisance, de l'inexactitude ou des défauts de formalités des pièces justificatives, des paiements effectués après le délai ou la déchéance, des omissions d'acquits ou quittances des parties prenantes, et des erreurs dans l'emploi en dépense des paiements faits. »

Les mémoires le plus souvent renvoyés par la Chancellerie sont ceux des médecins et des huissiers.

Les premiers, lorsqu'ils réclament les honoraires auxquels ils ont droit pour avoir, sur la réquisition d'un magistrat, constaté le genre de mort violente d'un individu, oublient généralement de mentionner que cette mort violente faisait présumer un crime ou un délit. De

(1) Vuarnier, *Traité de la manutention des employés de l'enregistrement et des domaines*, t. 2, p. 593, N° 5342.

là le rejet de la taxe allouée (art. 3, § 12, du décret du 18 juin 1811). Le ministère de la justice refuse avec raison de comprendre le montant de cette taxe parmi les frais de justice criminelle, puisqu'il ne s'agit pas, dans ces espèces, de la constatation d'un fait délictueux, et que les dépenses occasionnées par les morts accidentelles doivent rester à la charge des communes (art. 3, § 4).

Cette observation est la seule du reste que nous présenterons à l'égard des mémoires des médecins; nous parlerons plus longuement de ceux des huissiers, car ces officiers ministériels, qui, cependant, devraient connaître leur tarif, envoient aux Parquets de première instance des mémoires presque toujours défectueux.

Les irrégularités que contiennent le plus souvent les mémoires adressés par les huissiers aux Parquets de première instance, sont les suivantes :

1° Ils réclament des *coûts d'actes prescrits*, c'est-à-dire des coûts d'actes qui n'ont pas été présentés à la taxe du juge dans le délai d'une année à partir de l'époque à laquelle ils ont été faits (art. 5 de l'ordonnance du 28 nov. 1838).

2° Ils commettent des *erreurs d'addition* ou de *multiplication*, surtout dans le calcul des distances et dans la récapitulation des diverses sommes qui leur sont dues à raison de *tant* par original, copie, rôle d'écriture et myriamètre ou demi-myriamètre parcouru.

3° Lorsqu'ils ont acté pour un individu admis au bénéfice de *l'assistance judiciaire*, ils oublient qu'aux termes de l'art. 14 de la loi du 22 janv. 1851, ils n'ont droit qu'à leurs frais de transport sur les fonds du ministère de la justice.

4° Ils réclament pour la signification des jugements de simple police, ou du tribunal de police correctionnelle en matière de délit de chasse, un nombre de *rôles d'écriture* supérieur à celui alloué par la circulaire du 18 janvier 1855 et une décision du 12 décembre 1860, lesquelles n'accordent pour les significations de ces jugements que deux rôles de greffier et par conséquent un seul rôle d'huissier (art. 71, § 10, du décret du 18 juin 1811), cet officier ministériel devant faire dans ses mémoires déduction du premier rôle.

8° Aux termes de l'art. 158 du décret du 18 juin 1811, les régies ou administrations publiques, ainsi que les communes et les établissements publics, sont assimilés aux parties civiles relativement aux procès suivis soit à leur requête, soit même d'office, mais dans leur intérêt. Il suit de là que les huissiers ne doivent pas porter, dans leurs mémoires, comme payables sur les fonds du ministère de la justice, les citations ou autres significations d'actes par eux notifiés, dans l'intérêt par exemple de l'administration des ponts et chaussées (délit de pêche); et dans l'intérêt des communes (1), notamment en ce qui

---

(1) Dans les affaires forestières, le ministère des huissiers est très-rarement employé (art. 173 du Code forestier); lorsqu'il l'est, ces officiers ministériels doivent procéder comme le greffier, lequel est payé des indemnités qui lui sont dues par l'administration des forêts sur un état dressé conformément à un modèle fourni chaque année par cette administration. Cet état est mandaté par le Conservateur des forêts et il est soldé par le Receveur particulier des finances.

Dans les affaires de pêche, les huissiers doivent faire taxer leur mémoire, selon l'usage, et adresser les deux doubles à l'Ingénieur en chef dans le service duquel le délit a été commis, renseignement qu'ils ont dû prendre sur le procès-verbal lorsqu'il l'ont signifié au délinquant (art. 49 de la loi du 15

touche les contraventions si fréquentes de *pacage sur les terrains communaux* et *d'anticipation* ou *dégradation de chemin vicinal* (1).

Lorsque la Chancellerie, sur le vu du mémoire, ne peut pas reconnaître si l'article 158 dont s'agit est ou n'est pas applicable, elle renvoie le mémoire. Le Procureur impérial doit donc exiger que le délit soit bien qualifié. Du reste il est facile pour les huissiers de se conformer à cette prescription ; ils n'ont qu'à copier sur leur répertoire la qualification donnée au fait incriminé par l'officier du ministère public (2).

6° Le libellé des articles relatifs aux *significations des jugements de simple police* ne contient que très-rarement toutes les indications nécessaires.

Pour que ces articles passent en taxe, il faut « indi-

avril 1829, circulaire du 16 janvier 1865). Ils sont payés par les Receveurs d'enregistrement sur un mandat délivré par l'Ingénieur en chef.

Dans les affaires concernant les communes, ils sont payés par les Receveurs municipaux sur le vu de leur mémoire, taxé selon l'usage et mandaté par le maire.

(1) Les affaires intéressant l'administration des postes (circulaires du 3 octobre 1842, 19 mars 1856) sont poursuivies d'office par le Parquet. Mais une distinction a lieu pour le paiement des frais. S'il s'agit d'usage d'un timbre oblitéré, ils sont payés par le ministère de la justice ; s'il s'agit de transport frauduleux de lettre ou de l'insertion dans une lettre, non chargée, de billets de banque (loi du 4 juin 1859), ils sont avancés par l'administration des postes. Dans ce dernier cas, tous les actes d'huissier et jugements doivent être sur timbre et enregistrés au comptant. Aussi, lorsqu'un délit de ce genre est dénoncé au Procureur impérial, ce magistrat doit-il s'entendre avec le Receveur des postes du chef-lieu de son arrondissement, chargé par son administration du paiement des frais.

(2) Il est utile que les huissiers suivent cette règle pour tous les articles de leurs états ; autrement ils transforment un délit en crime, un crime en délit, ou donnent à un fait une qualification bizarre et souvent incompréhensible.

quer la peine prononcée par les jugements, s'ils ont été rendus contradictoirement ou par défaut; dans le cas de condamnation pécuniaire, faire connaître le montant de l'amende, et enfin mentionner si les significations n'ont eu lieu qu'après un avertissement préalable donné par le Receveur de l'enregistrement. » Ces indications sont exigées pour qu'à la Chancellerie on puisse reconnaître si l'on a obéi aux prescriptions d'une circulaire du 18 décembre 1833 (1), explicative de l'article 172 du Code d'instruction criminelle. Cet article, décidant que les *seuls* jugements de simple police qui peuvent être attaqués par la voie d'appel sont ceux qui prononcent un *emprisonnement* ou des *amendes, restitutions et autres réparations ciriles* excédant *cinq* francs, outre les dépens, il en résulte qu'il n'y a pas nécessité de signifier les jugements contradictoires qui ne condamnent pas le contrevenant à l'*emprisonnement* ou à une *peine pécuniaire* excédant *cinq* frans. L'exécution peut et doit en être poursuivie sur un simple extrait délivré au Receveur de l'enregistrement. (Circ. du 18 déc. 1833.)

Dans le cas où ces derniers jugements, au lieu d'être contradictoires, seraient rendus par défaut, ils seraient susceptibles d'opposition, et par conséquent, en principe, devraient être signifiés, de même que devraient l'être les jugements susceptibles d'appel. Mais pour éviter des frais aux parties condamnées, la circulaire du 18 décembre 1833 veut qu'aucun de ces jugements, soit les jugements par défaut, soit les jugements susceptibles d'appel, hors les cas assez rares où la peine d'empri-

(1) De Dalmas, *Frais de justice en matière criminelle*, p. 177.

sonnement est prononcée, ne soit signifié avant que le condamné ait été mis en demeure de l'exécuter, par un avertissement que décerne le Receveur de l'enregistrement. En résumé, on ne doit signifier que les jugements susceptibles d'appel et les jugements par défaut, et s'ils ne condamnent pas à l'emprisonnement, la signification doit être précédée d'un avertissement.

7° Les articles qui ont trait *aux indemnités de transport* donnent souvent lieu de la part de la Chancellerie à deux observations.

Pour bien les comprendre, il est nécessaire de résumer les dispositions en cette matière du décret du 18 juin 1811, art. 90 et suiv.

L'indemnité de transport pour les huissiers est fixée à 1 fr. 50 c. par chaque myriamètre parcouru en allant et chaque myriamètre parcouru en revenant. Ainsi, un huissier qui va instrumenter à un myriamètre de sa résidence, a droit à la somme de 3 fr. parce qu'il a parcouru deux myriamètres, un en allant et un autre en revenant (art. 91). Cette indemnité est réglée, non par kilomètres, mais par myriamètre et demi-myriamètre (art. 92), les fractions de huit ou neuf kilomètres étant comptées pour un myriamètre, et celles de trois à sept kilomètres pour un demi-myriamètre. Afin de faciliter ce règlement, les Préfets ont fait dresser un tableau des distances en myriamètres et kilomètres du chef-lieu de chaque commune aux chefs-lieux de canton, d'arrondissement et de département. Dans tous les Parquets il existe un exemplaire de ce tableau, et il en a été transmis un à la Chancellerie pour qu'on puisse y vérifier les droits de transport réclamés.

Ces droits de transport sont calculés sur la distance de chef-lieu à chef-lieu, abstraction faite de celle parcourue pour aller dans les hameaux; et comme le tableau dont on vient de parler ne règle pas la distance entre elles des diverses communes d'un canton et d'un arrondissement, si on a besoin de calculer cette distance, on doit la calculer d'après la notoriété publique ou tous autres renseignements dignes de foi.

Ces explications étant données, voici les deux observations que nous croyons utile de consigner ici pour prévenir l'envoi à la Chancellerie de mémoires irréguliers.

A. Aux termes de l'article 35 du décret du 14 juin 1813, dans tous les cas où les règlements accordent aux huissiers une indemnité pour frais de voyage, il ne doit être alloué qu'un seul droit de transport pour la totalité des actes que l'huissier a signifiés dans une même course et dans le même lieu. (V. Circulaire des 12 déc. 1854 et 21 sep. 1855.) Il suit de là que cet officier ministériel ne peut pas réclamer plusieurs droits de transport pour plusieurs actes posés le même jour dans la même commune (1), mais qu'il peut les réclamer; en matière criminelle, cependant, la Chancellerie exige que si, dans une même course, l'huissier est allé dans plusieurs communes qui ne sont pas diamétralement opposées au chef-lieu,

(1) Un arrêt de la cour de cassation du 29 juin 1857, a décidé que par ces mots *dans le même lieu* il fallait entendre *dans la même commune*, et qu'un huissier pouvait percevoir plusieurs droits sur des actes signifiés dans une même course, mais dans des communes différentes pour des parties et des affaires distinctes. « On ne saurait, dit cet arrêt, comprendre sous les mots *au même lieu*, plusieurs communes, par le motif qu'elles seraient situées dans la même direction ou dans la même région. »

il calcule son indemnité de transport d'après les distances à parcourir pour aller successivement du chef-lieu de la commune de sa résidence au chef-lieu de ces diverses communes, et revenir de la dernière, la plus éloignée, à son point de départ.

En d'autres termes, il doit, en pareil cas, évaluer, d'après la notoriété publique, les distances de commune à commune; et non pas, comme cela arrive souvent, additionner les distances du chef-lieu de sa résidence à chaque commune, car il ne les a pas parcourues. Il n'est pas revenu plusieurs fois au chef-lieu, il ne peut pas se faire payer des retours fictifs (1).

B. L'indemnité est, aux termes de l'art. 92, réglée par myriamètre et demi-myriamètre. Il suit de là que l'on doit *convertir les kilomètres* en myriamètres et demi-myriamètres. Si l'huissier ne fait pas cette conversion, il peut arriver que, en totalisant les distances par lui parcourues, il réclame une somme trop forte ou réclame une somme trop faible.

Il demande une somme trop forte si le total des kilomètres dont il aurait dû, pour chaque course, faire abstraction, égale ou dépasse un demi-myriamètre.

(1) Aux termes de cette circulaire, les huissiers doivent inscrire dans une colonne de leur répertoire le montant du droit de transport applicable à chaque acte. De leur côté les Receveurs de l'enregistrement doivent mentionner, dans l'enregistrement de chaque exploit, le montant du transport tel qu'il a été liquidé dans le coût mis au bas de chaque acte, conformément à l'article 67 du Code de procédure civile. Pour s'assurer qu'il n'existe aucune différence entre le montant des droits de transport indiqués dans la colonne du répertoire et le montant mentionné dans l'enregistrement, les Receveurs se font, tous les trois mois, représenter le répertoire des huissiers et adressent au Parquet le RELEVÉ des différences reconnues.

Supposons en effet qu'un huissier ait parcouru hier 12 kilomètres et aujourd'hui 12 kilomètres; il ne doit sur son mémoire réclamer qu'un myriamètre pour chaque course, ce qui au total fait deux myriamètres; s'il réclame 24 kilomètres, il réclame deux myriamètres et demi c'est-à-dire un demi-myriamètre qui ne doit pas lui être alloué.

Il demande, au contraire, une somme trop faible, si le total des kilomètres qu'il aurait dû ajouter à ceux qu'il a réellement parcourus, et qu'il néglige, égale ou dépasse un demi-myriamètre. Ainsi l'huissier a parcouru hier 18 kilomètres et aujourd'hui 19; il devra compter sur son mémoire deux myriamètres par jour, car il a droit à quatre myriamètres; s'il ne fait pas la conversion, il ne demandera que 37 kilomètres, soit, d'après le tarif, trois myriamètres et demi. Il sera en perte d'un demi-myriamètre.

Le défaut de conversion ne serait préjudiciable ni au Trésor ni à l'huissier, c'est-à-dire que ce dernier dans la récapitulation de son mémoire demanderait ce qui lui est dû, mais seulement ce qui lui est dû, s'il y avait, *au point de vue du tarif,* compensation entre le nombre des kilomètres indûment réclamés et celui des kilomètres non réclamés, quoique dûs.

Exemple :

	m	k		m	
Le 1er février l'huissier a parcouru. .	3	8	ou	4	
Le 2 — — ..	1	8	ou	2	
Le 3 — — ..	3	2	ou	3	
Le 4 — — ..	2	5	ou	2	1/2
	m	k		m	
	11	3	ou	11	1/2

De quelque façon que l'on calcule, on arrivera toujours à un total de 11 myriamètres et demi qui devront être taxés, car si le premier et le deuxième jour l'huissier a négligé à son préjudice 4 kilomètres, le troisième il en a compté 2 qu'il devait négliger, et le décret (art. 92), permet de lui en accorder 2 autres; en effet, que cet huissier ait parcouru 11 myriamètres 3 kilomètres ou 11 myriamètres 1/2, peu importe, la taxe est la même. Au point de vue du tarif, il y a compensation entre les kilomètres indûment réclamés et les 4 kilomètres ou le demi myriamètre négligés. Mais on ne doit pas, lorsque l'on taxe un mémoire dans lequel les kilomètres n'ont pas été convertis en myriamètre, espérer que la taxe sera exacte, il faut qu'elle le soit. En conséquence, si l'huissier n'a pas fait cette conversion, l'officier du Parquet doit lui retourner son mémoire pour qu'il le rectifie, ou le rectifier lui-même.

8° Il n'y a pas lieu de réclamer de rôles de copie pour la signification des mandats de comparution. Ces actes sont, en effet, trop courts pour donner lieu à des copies de pièces excédant un rôle.

9° Les mémoires n'étant plus soumis au visa des Préfets (ordon. du 28 novembre 1838, art. 1), il est inutile de conserver dans la partie récapitulative du mémoire une colonne destinée à la taxe de ces administrateurs (1).

10° Les huissiers ne doivent pas réclamer le remboursement de leurs frais de passage sur les ponts. On ne saurait le leur allouer. S'il fallait tenir compte des difficultés locales ou des causes accidentelles qui peuvent

(1) V., ci-dessus, p. 62, note 1.

augmenter les déboursés, on tomberait dans l'arbitraire et l'uniformité dans la taxe des frais de voyage prescrite par le décret disparaîtrait. (Décision du Garde des sceaux, mars 1867.)

11° Lorsqu'un huissier a instrumenté en dehors du canton de sa résidence, il doit joindre à son mémoire le mandement en vertu duquel il a acté (art. 84 du tarif). S'il ne le fait pas, il ne peut réclamer que l'indemnité qui aurait été allouée à l'huissier du canton dans lequel il a été exceptionnellement désigné pour notifier un acte dont la signification aurait pu être faite à moins de frais.

Telles sont les principales irrégularités que contiennent les états des huissiers.

CHAPITRE XXIII

VOIES D'EXÉCUTION DES JUGEMENTS

Les jugements prononcés par les Tribunaux de police correctionnelle sont exécutés (1) à la diligence du Ministère public, en ce qui touche la peine d'emprisonnement, et à la diligence de l'administration de l'enregistrement en ce qui touche les peines pécuniaires et les frais.

Si les condamnés à l'emprisonnement n'obéissent pas à l'invitation qui leur est adressée de se constituer prisonniers à la maison d'arrêt, dans un délai déterminé, il est nécessaire de faire procéder à leur arrestation. A cet effet, on adresse à la gendarmerie un extrait de jugement délivré dans la forme ci-contre.

(1) Les jugements de police correctionnelle sont exécutoires dix jours après celui où ils ont été prononcés, s'ils ont été rendus contradictoirement, et, outre les délais de distance, dix jours après celui de la signification faite à personne s'ils ont été rendus par défaut. V., ci-dessus, p. 82, 93, 169; V. aussi les art. 187 et 203 du Code d'instruction criminelle.

COUR IMPÉRIALE
d

___

TRIBUNAL CORRECTIONNEL
d

—

SIGNALEMENT :

Age de   ant
Taille d'un mètre   c.
Cheveux
Sourcils
Front
Yeux
Bouche
Menton
Visage
Teint

Signes Particuliers :

EXTRAIT des Minutes du Greffe du Tribunal de première instance d.....(1)

___

Suivant jugement définitif, en date du . 186 . , enregistré, rendu sur la poursuite du ministère public,

L . nommé . . . . . , fil . de . . . et de . . . . , né . le . . . . à . . . , arrondissement d . . . . . (. .), demeurant à . . , arrondissement d . . (. .).

Déclaré coupable d . . . .

A ÉTÉ CONDAMNÉ à la peine de . . . en vertu des articles . . . . . du Code pénal et 194 du Code d'instruction criminelle.

___

CONDAMNATIONS ANTÉRIEURES :

Vu au Parquet :

. . . . le . . . . . 18 . .

Le Procureur impérial,

Pour extrait conforme, délivré à M. le Procureur Impérial, sur sa réquisition,

Le Greffier du Tribunal,

Pour mettre à même l'administration de l'enregistrement de poursuivre le recouvrement des peines pécuniaires, le Greffier, lorsque le jugement est devenu définitif, adresse au Receveur de l'enregistrement un

___

(1) Le coût de cet extrait est de 60 c. (Art. 50 du tarif.)

extrait délivré conformément au modèle ci-dessous ou une expédition du jugement dans le cas où il en a été délivré une au Procureur impérial. (V., ci-dessus, p. 83.)

<table>
<tr><td>COUR IMPÉRIALE
d ——
DÉPARTEMENT
d ————————
TRIBUNAL
d</td><td>*EXTRAIT des Minutes du Greffe du Tribunal de première instance séant à...... (1).*</td></tr>
</table>

Par jugement rendu . . . . à la requête de . . . . ., par le Tribunal correctionnel d . . . . , en date du . . . . 18 . ., enregistré, devenu définitif faute . . . . signifié (2) le . . . . . 18 . .

L . nommé . . . . , né . à . . . . , âgé . de . . . . ans, profession d . . . . , demeurant à . . . .

A été condamné . à . . . . de prison . . . . francs d'amende et aux dépens liquidés à la somme de. . . . . . francs . . . . centimes, non compris les coût, levée et signification dudit jugement (3).

Pour délit de . . . .

Pour Extrait conforme délivré à M. le Receveur de l'Enregistrement

. . . . . le . . . . . 18 . .

Le Greffier,

Vu au Parquet

Le Procureur Impérial,

(1) Décret du 18 juin 1811 (tarif), art. 57 ; décret du 7 avril 1813, art. 7.

(2) Les jugements par défaut sont les seuls qui doivent être signifiés (art. 203, C. Int. crim).

(3) L'état des frais se trouve en marge du présent extrait.

Le ministère public n'intervient dans les poursuites de l'administration que pour requérir l'exécution des jugements par la voie de la contrainte par corps, en se conformant aux prescriptions de la loi du 22 juillet 1867.

Cette loi est ainsi conçue (1) :

Art. 1er. La contrainte par corps est supprimée en matière commerciale, civile et contre les étrangers.

2. Elle est *maintenue* en matière criminelle, correctionnelle et de simple police.

3. Les arrêts, jugements et exécutoires portant condamnation, au profit de l'État, à des amendes, restitutions et dommages-intérêts en matière criminelle, correctionnelle et de police, ne peuvent être exécutés par la voie de la contrainte par corps que cinq jours après le commandement qui est fait aux condamnés, à la requête du receveur de l'enregistrement et des domaines.

La contrainte par corps n'aura jamais lieu pour le paiement des frais au profit de l'État.

Dans le cas où le jugement de condamnation n'a pas été précédemment signifié au débiteur, le commandement porte en tête un extrait de ce jugement, lequel contient le nom des parties et le dispositif.

Sur le vu du commandement et sur la demande du receveur de l'enregistrement et des domaines, le Procureur impérial adresse les réquisitions nécessaires aux agents de la force publique et aux autres fonctionnaires chargés de l'exécution des mandements de justice.

Si le débiteur est détenu, la recommandation peut être ordonnée immédiatement après la notification du commandement.

. . . .

(1) Nous omettons les articles qui ont trait à la contrainte par corps exercée à la requête et dans l'intérêt des particuliers.

9. La durée de la contrainte par corps est réglée ainsi qu'il suit :

De deux jours à vingt jours, lorsque l'amende et les autres condamnations n'excèdent pas cinquante francs;

De vingt jours à quarante jours, lorsqu'elles sont supérieures à cinquante francs et qu'elles n'excèdent pas cent francs;

De quarante jours à soixante jours, lorsqu'elles sont supérieures à cent francs et qu'elles n'excèdent pas deux cents francs;

De deux mois à quatre mois, lorsqu'elles sont supérieures à deux cents francs et qu'elles n'excèdent pas cinq cents francs:

De quatre mois à huit mois, lorsqu'elles sont supérieures à cinq cents francs et qu'elles n'excèdent pas deux mille francs;

D'un an à deux ans, lorsqu'elles s'élèvent à plus de deux mille francs.

En matière de simple police, la durée de la contrainte par corps ne pourra excéder cinq jours;

10. Les condamnés qui justifient de leur insolvabilité, suivant l'article 420 du Code d'instruction criminelle (1), sont mis en liberté après avoir subi la contrainte pendant la moitié de la durée fixée par le jugement.

11. Les individus contre lesquels la contrainte a été prononcée peuvent en prévenir ou en faire cesser l'effet, en fournissant une caution reconnue bonne et valable.

La caution est admise, pour l'État, par le receveur des domaines; pour les particuliers, par la partie intéressée; en cas de contestation, elle est déclarée, s'il y a lieu, bonne et valable par le tribunal civil de l'arrondissement.

---

(1) Les pièces à produire sont : 1° un extrait du rôle des contributions constatant que le condamné paie moins de six francs, ou un certificat du percepteur de sa commune portant qu'il n'est point imposé; 2° un certificat d'indigence à lui délivré par le Maire de la commune de son domicile ou par son adjoint, visé par le Sous-Préfet et approuvé par le Préfet de son département.

La caution doit s'exécuter dans le mois, à peine de poursuites.

12. Les individus qui ont obtenu leur élargissement ne peuvent plus être détenus ou arrêtés pour condamnations pécuniaires antérieures, à moins que ces condamnations n'entraînent, par leur quotité, une contrainte plus longue que celle qu'ils ont subie et qui, dans ce dernier cas, leur est toujours comptée pour la durée de la nouvelle incarcération.

13. Les tribunaux ne peuvent prononcer la contrainte par corps contre les individus âgés de moins de seize ans accomplis à l'époque des faits qui ont motivé la poursuite.

14. Si le débiteur a commencé sa soixantième année, la contrainte par corps est réduite à la moitié de la durée fixée par le jugement, sans préjudice des dispositions de l'article 10.

. . . .

16. La contrainte par corps ne peut être exercée simultanément contre le mari et la femme, même pour des dettes différentes.

17. Les tribunaux peuvent, dans l'intérêt des enfants mineurs du débiteur et par le jugement de condamnation, surseoir, pendant une année au plus, à l'exécution de la contrainte par corps.

18. Les articles 120 et 355, paragraphe 1er, du Code d'instruction criminelle, 174 et 175 du décret du 18 juin 1811 sur les frais de justice criminelle, sont abrogés en ce qui concerne la contrainte par corps.

Sont également abrogées, en ce qu'elles ont de contraire à la présente loi, toutes les dispositions des lois antérieures; néanmoins, il n'est point dérogé aux articles 80, 157, 171, 189, 304, 355, paragraphes 2 et 3, 452, 454, 456 et 522 du Code d'instruction criminelle.

Le titre XIII du Code forestier et le titre VII de la loi sur la pêche fluviale sont aussi maintenus et continuent d'être exécutés en ce qui n'est pas contraire à la présente loi.

En matière forestière et de pêche fluviale, lorsque le débiteur ne fait pas les justifications de l'article 420 du Code d'instruction criminelle, la durée de la contrainte par corps est fixée par le jugement, dans les limites de huit jours à six mois (1).

19. Les dispositions précédentes sont applicables à tous jugements et cas de contrainte par corps antérieurs à la présente loi.

Telle est la nouvelle loi. Il semble que le ministère public n'ait qu'à requérir l'incarcération des débiteurs récalcitrants. Il faut cependant distinguer entre les condamnés *solvables* et ceux dont *l'insolvabilité* a été constatée par les receveurs.

Dans le premier cas, un commandement est signifié aux condamnés (art. 3) à la requête de l'administration de l'enregistrement, et, cinq jours après cette signification, sur le vu du commandement et sur la demande du

______

(1) L'article 120 soumettait la caution à la contrainte par corps.— L'article 355, § 1, y soumettait aussi, pour le paiement des frais mis à sa charge par cet article, le témoin à raison de la non-comparution duquel une affaire de cour d'assises est renvoyée à la session suivante.

L'article 174 du tarif disait que le recouvrement des frais de justice devait être poursuivi par toutes voies de droit, même par celle de la *contrainte par corps*. — L'article 175 réglait la procédure de cette dernière voie d'exécution.

Mais on conçoit qu'il ne soit pas dérogé aux autres articles cités du code d'instruction criminelle. Ils permettent de recourir à la contrainte par corps, non pour la satisfaction d'un intérêt pécuniaire et en vue du paiement d'une dette, mais pour assurer l'exécution d'un mandement de justice. Un témoin défaillant peut être contraint par corps à comparaître (art. 80, 157, 189, 304, 355, § 2 et 3). Le dépositaire d'une pièce peut être contraint par corps à la produire (art. 152, 154, 156, 522).

Les dispositions législatives, visées dans l'avant-dernier paragraphe de l'article 18, édictaient qu'en matière forestière et de pêche fluviale les jugements étaient exécutoires par la voie de la contrainte par corps, et remplaçaient en ces matières la procédure que prescrivaient les articles 174 et 175 du tarif par la procédure que conserve, en la généralisant et en diminuant la durée de la contrainte (v. art. 212 et 213 C. F., 78 et 79 de la loi du 15 avril 1829), la loi du 22 juillet 1867.

Receveur, lequel a dû lui-même se pourvoir de l'autorisation de son Directeur (1), le Procureur impérial adresse les réquisitions nécessaires pour l'arrestation à la gendarmerie.

La mission du Parquet est beaucoup plus délicate en ce qui touche les condamnés insolvables. Dans ce cas, c'est au Procureur impérial qu'il appartient de désigner les individus dont l'incarcération est nécessaire, dans l'intérêt de la vindicte publique.

A cet effet (circulaire du 21 juillet 1853), chaque trimestre, les Directeurs de l'enregistrement fournissent aux Parquets un état qui comprend les condamnés de l'arrondissement dont l'insolvabilité a été constatée dans le trimestre précédent. Au reçu de cet état, le Procureur impérial prend tous renseignements nécessaires, et, en le renvoyant au Directeur de l'enregistrement, indique à ce fonctionnaire les condamnés qui doivent être contraints par corps.

Le but de cette mesure est moins d'obtenir le paiement de l'amende prononcée (2), que d'empêcher les insolvables sans moralité de se faire un jeu des condamnations par eux encourues.

____

(1) V. *Instruction générale de l'administration de l'enregistrement*, N° 1952.

(2) Ce résultat, cependant, est très-souvent atteint parce que l'insolvabilité des condamnés, portés sur l'état dont s'agit, est constatée par les Maires qui sont, à cet égard, de la plus grande complaisance. Pendant l'année 1859, j'ai requis l'incarcération de 32 condamnés auxquels des certificats d'indigence avaient été délivrés, 19 ont payé au moment même de leur arrestation, et 4 aussitôt que par leur emprisonnement ils ont vu que l'on ne se bornait pas à de vaines menaces. En 1865, j'ai désigné 15 individus comme devant être incarcérés, 8 ont payé avant d'être écroués, et 5 le lendemain.

En réalité à l'amende se trouve ainsi substituée, dans les limites fixées par le jugement et l'article 10 de la nouvelle loi, la peine de l'emprisonnement. Les réquisitions du Parquet doivent être mis à exécution comme tous autres mandats de justice en matière criminelle (art. 07 C. d'inst. crim.).

Ainsi un condamné arrêté sur la voie publique, ne pourrait, en se fondant sur l'article 781 du Code de procédure civile, prétendre que son arrestation a été illégale parce qu'elle aurait eu lieu après le coucher du soleil. Les formalités établies par le Code de procédure pour l'exécution de la contrainte par corps en matière civile n'ont jamais été applicables à là contrainte par corps en matière criminelle (1). Cette dernière espèce de contrainte est toute différente de la première. (Circ. du 12 septembre 1807.)

(1) Jugement du tribunal de Saint-Amand, en date du 12 avril 1865, *Eusice Jacquier* contre *les gendarmes de la brigade de Lignières*. (V. *Moniteur des Tribunaux* du 6 juillet 1865; *Journal de la Gendarmerie*, numéro du 1er avril 1865.)

CHAPITRE XXIV

AFFAIRES CIVILES

SECTION I

DES CONCLUSIONS D'AUDIENCE

Au point de vue de l'administration d'un Parquet, les affaires civiles (1) ne sont à étudier que si elles exigent du ministère public un acte quelconque de procédure (2), ou une transmission de pièces (3). Cependant — communicables ou non — elles font, si on les envisage de haut, tellement ressortir le vrai mérite, que, connaissant

(1) Nous ne comprenons pas sous cette dénomination d'affaires civiles les diverses procédures dans lesquelles des exploits sont notifiés au Parquet conformément aux art. 2194 C. N., 69 et 693 C, proc. civ. etc. (v., ci-dessus, p. 66 et suivantes).

(2) V., ci-dessus, Actes de l'état civil, p. 24 et suivantes; Cautionnement du Conservateur, p. 75; Requête à fin d'expropriation, p. 101; Successions, p. 105 et suivantes.

(3) V., ci-dessus, p. 56, note; art. 118, C. N. Les extraits dont s'agit doivent être délivrés sur papier libre (circulaire du 3 mai 1825).

la circulaire suivante, nous nous ferions un reproche de
ne pas la transcrire. Nous ne pourrions mieux qu'elle
mettre en relief la nécessité pour les officiers du Ministère
public de prendre communication des dossiers et de conclure à l'audience (1).

L'intervention du ministère public dans les débats civils est
sinon la plus importante, certainement du moins la plus attrayante des attributions dont il s'honore. Cette branche du service qui nous ramène aux études et à la science du droit, s'offre
comme une compensation à des travaux souvent ingrats, de peu
de profit pour l'esprit et dont le zèle le mieux éprouvé se fatigue-
rait à la longue.

Le Parquet ne peut donc apporter trop souvent aux tribunaux
civils le tribut de ses méditations et de ses lumières, et il dépend
de nous que sa parole y trouve faveur et autorité.

Une question est-elle jamais plus complètement étudiée et
mieux entendue qu'alors que, se posant arbitre entre les intérêts
en litige, une voix impartiale ne s'inspire pour la résoudre en
fait que de la vérité, en droit que de la loi?

L'examen sérieux des procès civils intéresse notre ministère à
plus d'un point de vue; l'étude des questions, exercice précieux
pour l'intelligence, fortifie la doctrine et prépare les solutions
vraiment juridiques; mais la visite attentive des dossiers, en li-
vrant le secret de pratiques préjudiciables, assurera la répression
des abus et souvent les préviendra : Ainsi passeront sous vos
yeux et subiront votre contrôle, dans l'intérêt du fisc et des parties, les écritures, les exploits, leur rédaction et le coût, mais
c'est surtout à surveiller la direction et l'agencement des procédures que je convie tout votre zèle; un état de frais trop gonflé
échappât-il à la taxe du juge nuit sans doute, mais combien plus
grave est le dommage causé par le malheureux savoir-faire de
praticiens qui compliquent au lieu de simplifier, et parfois, en

<hr>

(1) Circulaire de M. le premier président Corbin, alors Procureur général
à Bourges, 1850.

vue d'émoluments et par un odieux concert fourvoyent loin du but, à travers les incidents, le procès le plus simple dans ses éléments. Là, est la plaie des affaires et le scandale du palais.

L'expérience et la sagacité du Président vous dévanceront souvent, parfois aussi les observations du Parquet prouveront au tribunal la sûreté de son examen et l'utilité de son intervention. — On perd trop de vue l'art. 1031 du Code de procédure civile et bien d'autres qui ne peuvent rester lettre morte sans charger d'autant la responsabilité du magistrat.

Je n'ignore pas ce que les détails d'administration et l'expédition du courant vous imposent de soins et de contention d'esprit, mais avec une bonne distribution du travail, avec de l'assiduité et du zèle, l'audience civile ne perdra rien de ses droits. Toute tâche est légère quand on peut s'en promettre plus de lustre pour ses fonctions et profit pour la justice.

Veuillez communiquer ces instructions à votre substitut et faites lui bien comprendre que si la pratique des affaires forme le bon officier du Parquet, les lois civiles, l'étude du droit sont la véritable école du magistrat.

Ajouter à ces lignes serait de la présomption.
Rentrons dans notre cadre.

SECTION II

DE L'ASSISTANCE JUDICIAIRE

En installant, le 16 avril 1851, le bureau d'assistance judiciaire établi près la Cour impériale de Bourges, conformément aux prescriptions de la loi des 22-30 janvier 1851, M. le Procureur général Corbin s'exprimait ainsi :

Le principe de l'égalité dans la sphère des intérêts judiciaires, dogme respectable et incontesté, va recevoir une application plus complète.

Nous disons plus complète, car il faut être juste envers le passé. La dette de l'assistance judiciaire n'a jamais été méconnue (1). L'intervention directe et d'office du ministère public dans certains cas spécifiés, les consultations gratuites du barreau, l'appui désintéressé des conseils habiles n'ont jamais manqué aux prétentions honnêtes et légitimes. Avant les lois qui s'imposent, il y a, soit dit pour l'honneur de l'humanité, de généreux sentiments qui les suppléent, et le devoir chrétien de la charité n'a pas attendu pour se produire dans sa magnifique expansion les jussions législatives de la philantropie!

Quoiqu'il en soit, la loi qui a décrété votre institution, organise un système d'assistance large, efficace; débarrassé de toutes les entraves de la fiscalité et tel que le bon droit, quels que soient l'isolement ou la détresse du citoyen, n'aura plus l'ombre d'un prétexte pour accuser le privilége de l'influence ou de la richesse, et déplorer l'infériorité de ses chances dans une lutte trop inégale.

Aussi et à vrai dire, ce n'est pas l'égalité devant la loi ou devant le juge, ce n'est pas même le principe de l'assistance qu'a entendu consacrer la loi nouvelle, car tout cela préexistait dans les institutions et dans nos mœurs, mais elle décrète et organise l'accessibilité du prétoire pour tous les indigents.

. . . .

. . . .

Ce discours avait été précédé d'instructions envoyées aux Parquets de son ressort par M. le Procureur gé-

(1) Il arrivait souvent autrefois que les Parlements évoquaient des procès pour cause de pauvreté.

néral (1). Nous lés reproduisons. Elles achèveront de
bien faire comprendre le sens de la loi et la façon dont
elle doit être exécutée pour porter des fruits utiles.

La loi du 22 janvier 1851, sur l'assistance judiciaire, aura trop
particulièrement fixé votre attention pour que j'en fasse ici le commentaire. — Le bureau est enfin constitué et en mesure de fonc-
tionner suivant la nécessité des affaires. C'est par votre intermédiaire qu'il doit être saisi, et il est présumable que vous serez
souvent dans le cas de seconder l'action du bureau, soit qu'il fasse
appel à votre expérience et à vos lumières pour la saine intelligence de sa mission, soit qu'il réclame de votre obligeance des
informations qu'il recueillerait moins facilement par toute autre
voie sur le personnel des assistables. Vous prendrez conseil comme
toujours de votre zèle éclairé, vous faciliterez autant qu'il dépen-
dra de vous l'accès de la justice à l'indigence dûment constatée, au
bon droit méconnu, ou encore aux prétentions honnêtes et loyales,
et, une fois le procès engagé, votre parole ne manquera jamais
d'intervenir avant tout jugement. Mais en décrétant la gratuité au
profit des indigents, la loi n'a pas voulu que son bienfait pour quelques-uns fût une menace pour le reste des citoyens. L'indigence
trop complaisamment admise jouirait d'une faveur qui blesserait
le principe de l'égalité devant la loi et dans les chances du litige.
L'indigence, même réelle, exploitée par la cupidité ou la malveil-
lance de certains faiseurs d'affaires, pour la poursuite de droits
trop contestables, usurperait, à l'abri de toute responsabilité, un
privilège d'agressions aussi inquiétantes pour les intérêts légitimes
que dangereuses pour la morale publique. La loi n'a pas voulu
qu'il en fût ainsi. L'art. 12 accorde au Procureur général un droit
de recours qui aurait sa grande utilité si nous ne trouvions dans
tous les bureaux le sage et bon esprit que nous promet la notoriété honorable des membres choisis par les tribunaux ou désignés par l'administration. Mais ce droit, dont j'espère n'avoir à
faire que rarement usage, je ne pourrais, le plus souvent, l'exer-

(1) V. Code de l'assistance judiciaire, par M. Brière-Valigny, avocat
général près la Cour impériale de Paris.

cer sans votre concours; à vous d'abord il appartient de me signaler les décisions qui vous paraîtraient abusives et manifeste-
ment contraires à l'esprit de la loi : je compte, à cet égard, sur
la sagacité de vos investigations.

Il est un autre correctif à certains dangers possibles de la nouvelle institution, et je me borne à vous citer les articles 21, 22 et
26 (1). Aux cas prévus, vous userez de votre initiative directement,
mais sans hésitation, comme il convient en toutes matières. Je
vous prierai néanmoins de me tenir informé de vos diligences et
de leur résultat. En dernier mot, nous assurerons de concert, à la
loi du 22 janvier, son exécution sincère, loyale, pour le soulage-
ment des malheureux, avec de justes égards pour la sécurité de
tous autres.

C'est, dit cette circulaire, par l'intermédiaire du
Parquet que le bureau d'assistance doit être saisi. En
effet, aux termes de l'article 8 de la loi qui nous occupe,
toute personne qui réclame l'assistance judiciaire doit
adresser sa demande sur papier libre au Procureur
impérial du tribunal de son domicile, et ce magistrat en
fait la remise au bureau établi près de ce tribunal. Il ne
doit cependant faire cette remise que si le postulant joint
à sa demande, conformément aux prescriptions de l'article 10 : 1° Un extrait du rôle de ses contributions, ou
un certificat du percepteur de son domicile, constatant
qu'il n'est pas imposé; 2° Une déclaration attestant qu'il
est, à raison de son indigence, dans l'impossibilité d'exercer ses droits en justice, et contenant l'énumération dé-
taillée de ses moyens d'existence, quels qu'ils soient.
Le réclamant affirme la sincérité de sa déclaration devant
le Maire de la commune de son domicile; le Maire lui en
donne acte au bas de sa déclaration.

(1) Ces articles sont relatifs au retrait de l'assistance.

Si pour statuer sur la demande qui lui est soumise, le bureau a besoin d'entendre les parties ou de recueillir des renseignements, il emet ses lettres de convocation ou autres au Procureur impérial qui doit les faire parvenir aux destinataires par l'intermédiaire des Juges de paix, Maires ou Commissaires de police. Cela est logique. Le Président du bureau n'ayant aucun droit de franchise, il faut bien pour que sa correspondance ne soit pas taxée, que les lettres qu'il envoie ou qu'il reçoit circulent sous le couvert du Parquet.

Le Président du bureau fait connaître au Procureur impérial la décision intervenue, en lui renvoyant les pièces de l'affaire.

Trois cas peuvent se présenter.

Si l'assistance est refusée, le Procureur impérial doit en prévenir le postulant.

Si l'assistance est accordée, le dossier doit être transmis au Président du tribunal ou au Juge de paix pour qu'il soit procédé ainsi qu'il est dit en l'article 13 de la loi du 22 janvier 1851.

Si enfin le bureau s'est, dans les cas prévus par l'article 8, borné à recueillir des renseignements, le Procureur impérial doit adresser le dossier au bureau établi près de la juridiction compétente.

Là s'arrête, en cette matière, la mission purement administrative du Parquet.

SECTION III

DÉCLINATOIRES

Aux termes de l'article 6 de l'ordonnance du 1er juin 1828, lorsqu'un préfet estime que la connaissance d'une question portée devant un tribunal de première instance [civil ou correctionnel (1)] est attribuée par une disposition de loi à l'autorité administrative, il peut, alors même que l'administration n'est pas en cause, demander le renvoi devant l'autorité compétente. A cet effet le Préfet adresse au Procureur impérial un mémoire dans lequel est rapportée la disposition législative qui attribue à l'administration la connaissance du litige. Le Procureur impérial fait connaitre, dans tous les cas, au tribunal la demande formée par le Préfet, mais *il ne requiert le renvoi que si la revendication lui paraît fondée* (2).

Dans les cinq jours qui suivent le jugement, le Procureur impérial adresse au Préfet copie de ses réquisitions et du jugement rendu sur la compétence. La date de cet envoi est consigné sur un registre à ce destiné (3). Si le déclinatoire est admis et si la partie, contrairement aux conclusions de laquelle il a été jugé, se pourvoie en appel,

(1) V. Debacq, *de l'action du Ministère public en matière civile*, p. 271.
En matière de police correctionnelle le conflit ne peut être élevé que dans les deux cas spécialement indiqués par l'article 2 de l'ordonnance de 1828.
(3) V., ci-dessus, p. XX.
(3) Circulaire du 11 mars 1857.

le Préfet peut, élever le conflit dans la quinzaine de la signification de l'acte d'appel.

Si, au contraire, le déclinatoire est rejeté, le Préfet, s'il estime qu'il y ait lieu, peut élever ce conflit dans la quinzaine de l'envoi qui lui a été fait par le Parquet.

Les articles 9 et suivants de l'ordonnance de 1828 déterminent quelles sont les obligations du ministère public dans l'hypothèse où le Préfet a pris un arrêté de conflit; c'est au Procureur impérial, notamment, qu'il appartient de transmettre le dossier au Garde des sceaux, et pour être complet, ce dossier doit contenir toutes les pièces énumérées dans la circulaire du 15 décembre 1847 (V. Gillet, p. 625).

———

SECTION IV

POURSUITES DISCIPLINAIRES

Les poursuites disciplinaires ne peuvent pas, à proprement parler, être classées parmi les affaires civiles, cependant celles exercées contre les notaires doivent être appréciées non en chambre du conseil, mais en audience publique, par le tribunal civil, et elles doivent aboutir non, comme dans les autres cas, à un arrêté ou à une simple proposition de destitution, mais toujours à un jugement (1). En effet, aux termes de l'article 53 de la loi du 25 ventôse an XI, sur l'organisation du notariat, toutes suspen-

(1) V. Berthu, *Chambre du Conseil*, t. II, p. 677, et ci-dessus, p. 128, note.

sions, destitutions, condamnations d'amende et dommages-intérêts, sont prononcées contre les notaires par le tribunal civil de leur résidence, à la poursuite des parties intéressées, ou d'office à la poursuite et diligence du Gouvernement. Ces jugements sont sujets à l'appel et exécutoires par provision, excepté quant aux condamnations pécuniaires.

Il suit de là que si un notaire est poursuivi pour avoir, par exemple, laissé un blanc dans la minute d'un acte (art. 13 de la loi du 25 ventôse), il doit être cité à comparaître devant le tribunal civil; que le délai pour comparaître doit être de huitaine franche (1) (article 72 C. de proc. civ.); et que le jugement, surtout dans les cas prévus par l'art. 52 de la loi de ventôse, doit être notifié tant pour mettre le notaire en demeure de l'exécuter que pour faire courir les délais d'appel. L'expédition est, après la signification, transmise au Procureur Général [art. 104 du décret du 30 mars 1808 (2)].

(1) Pour éviter toute incertitude sur le jour de la comparution, il convient d'assigner à jour fixe. — V., *Tarif criminel*, art. 133.

(2) Lorsqu'il s'agit d'une condamnation à l'amende pour contravention aux lois de l'enregistrement (l. du 16 juin 1824), comme c'est là une peine plutôt fiscale que disciplinaire, le notaire paie l'amende sur simple extrait délivré au Receveur de l'enregistrement, et le Parquet ne se fait pas délivrer d'expédition.

SECTION V

RECOUVREMENT DÉS DROITS UNIVERSITAIRES

Il est un genre particulier d'actions civiles que les magistrats du ministère public sont chargés d'intenter (1). Le paiement des sommes dues aux lycées par les parents des élèves, est poursuivi par les Procureurs impériaux à la requête des Proviseurs (2).

(1) V. Décret du 15 novembre 1811, art. 121, 122 et suivants.

(2) V. ordonnance du 12 mars 1817, art. 16.

Le décret de 1809 dit que cette procédure doit avoir lieu *sans frais*. Des circulaires postérieures (1813) de l'administration de l'enregistrement veulent que, si des mémoires sont signifiés, ils le soient sur papier timbré. Enfin l'ordonnance de 1817 ne répète pas ces mots *sans frais* du décret de 1809. Que conclure de là ? c'est que ce décret n'a jamais été complètement exécuté en cette partie. Il est, du reste, inexécutable.

En effet si le débiteur ne comparaît pas volontairement devant la chambre du conseil, il est indispensable de l'assigner. N'aurait-on à payer que le coût de l'exploit de l'huissier, il faut bien qu'il soit payé. Que l'on ne demande pas ultérieurement à la partie condamnée le paiement de frais fictifs, tels que le papier visé pour timbre et les enregistrements en débet, cela se conçoit. On concevrait encore que l'on ne tînt pas compte au greffier, qui a un traitement fixe, de ses expéditions. Mais il est de toute justice que l'on paie à l'huissier instrumentaire les frais réels que, par ordre du Parquet, il a été obligé de faire. Comment et par qui ce paiement sera-t-il effectué ?

Depuis la loi des 23-24 mai 1831, les recettes et dépenses de l'université sont rattachées au budget général de l'État. C'est donc l'État qui doit payer et il paiera, sur mémoire taxé, par l'intermédiaire des Receveurs de l'enregistrement. Déjà une circulaire, en date du 2 décembre 1833, N° 1,801, enjoint à ces derniers d'acquitter, sur les fonds du ministère de la justice, les frais des procédures en matière de contraventions aux règlements de l'université.

Voici, à cet égard, ce qui se passe dans la pratique :

Le Proviseur envoie au Procureur impérial de l'arrondissement, dans lequel est situé le domicile des parents de l'élève débiteur, un état des sommes dues au lycée. Le Procureur impérial, après avoir, s'il le juge convenable, tenté une réclamation officieuse, fait donner aux père, mère ou tuteur de l'enfant, une assignation à comparaître, à jour fixe, devant le tribunal civil réuni en chambre du conseil (art. 11 du décret du 1er juillet 1809).

Cette assignation, sur papier visé pour timbre, et enregistrée en débet, est rédigée à la requête du Proviseur du lycée de...., poursuites et diligence du Procureur impérial de.... Elle doit conclure à ce que le débiteur soit condamné à payer la somme due entre les mains du Proviseur. Le jugement prononcé en audience publique, comme pour les affaires domaniales, le Procureur impérial en demande au Greffe une expédition, la fait signifier à la partie condamnée, et l'adresse ensuite au Proviseur en y joignant l'original de signification.

Il n'y a peut-être pas d'exemple que le jugement obtenu ait été exécuté par voie de saisie. Aux termes de l'article 17 de l'ordonnance du 12 mars 1817, le ministre de l'intérieur peut arrêter les poursuites contre les débiteurs des lycées, en cas d'indigence, et leur accorder des dégrèvements et même des décharges entières. Il est probable que le ministre use très-largement de cette autorisation.

FIN

APPENDICE

Page 3, ligne 10.

Les fonctions de percepteur sont incompatibles avec celles de suppléant de la justice de paix (loi du 27 mars 1791, art. 8; loi du 21 vendémiaire an III; lettre du Procureur général de Bourges, 4 décembre 1830).

Page 5, note 2.

L'ordonnance du 6 novembre 1822 est applicable aux Greffiers de justice de paix.

Page 6, ligne 2.

SOUS-DIRECTION
DU PERSONNEL

1er Bureau

Avis d'un Congé.

Monsieur le Garde des Sceaux,

J'ai l'honneur d'informer Votre Excellence que j'ai accordé un congé de . . . . ., à partir du . . . . ., à M. . . . . . ., juge de paix du canton de . . . . . ., pour se rendre à . . . . . ., où l'appellent des affaires personnelles.

Le service est assuré tant que durera l'absence de ce magistrat.

Le congé a été inscrit au greffe sur le registre à ce destiné.

Je suis avec un profond respect, Monsieur le Garde des Sceaux, de Votre Excellence, le très-humble et obéissant serviteur.

Le Procureur impérial,

Page 14, note 1.

Aux termes de l'article 372, § 2 du décret du 1er mars 1851, les Maires doivent pourvoir à la subsistance des prisonniers déposés dans la chambre de sûreté.

Page 19, ligne 7.

RAPPORT

Monsieur le Procureur général,

J'ai l'honneur de vous adresser mon rapport annuel sur la formation des listes provisoires du jury dans cet arrondissement.

Par arrêté de M. le Préfet d . . . . en date du 30 septembre le nombre des jurés a été fixé à 177 pour l'arrondissement de . . . . . . , et réparti entre les cantons proportionnellement à leur population.

Les commissions cantonales se sont réunies dans la première huitaine du mois de novembre, et MM. les Juges de paix m'ont transmis en temps utile les listes préparatoires contenant, pour chaque canton, un nombre de noms triple de celui fixé par la répartition du Préfet. Du jour de leur réception au jour de la réunion de la commission d'arrondissement, 22 novembre, ces listes ont été examinées avec soin.

Je n'ai aucune observation particulière à vous soumettre concernant leur composition et leur confection matérielle. Mais je dois signaler la difficulté qu'il y a, pour le Parquet, à se procurer, en consultant les casiers, des renseignements sur les antécédents judiciaires des personnes portées sur les listes. Cela tient à ce que les cadres fournis par l'administration ne contiennent pas de colonnes spéciales où l'on pourrait inscrire la commune lieu de naissance du juré, et l'arrondissement dans lequel elle est située. Cela tient surtout à l'indifférence des Maires. Autant « Juges de paix remplissent leur mission consciencieusement, nt les maires y apportent une négligence blâmable, Jeau-· ·ttiennent d'assister à la réunion de la commission con-· ·· 118 Il y en avait 37 d'absents.

La commission d'arrondissement n'a pas eu recours, pour la formation de la liste définitive, à l'application du § 2 de l'article 11 de la loi du 4 juin 1853 et par conséquent, elle a conservé pour chaque canton, le contingent proportionnel fixé par le Préfet (1).

Je suis avec respect,

Monsieur le Procureur général,

Votre très-humble et obéissant serviteur,

Le Procureur Impérial,

Page 20, § 2.

Les personnes qui, pour un motif quelconque, désirent changer de nom, adressent, par l'intermédiaire d'un référendaire (2) au sceau de France, leur supplique au Garde des sceaux. Cette supplique rédigée, sous forme de requête, par le référendaire est, avec les pièces produite, transmise de la Chancellerie au Procureur impérial du domicile du postulant; et par la lettre d'envoi, ce magistrat est invité à procéder à l'instruction de la demande, et à adresser ensuite au ministère de la justice, par l'intermédiaire du Procureur général, son rapport ainsi que toutes les pièces justificatives. Il n'est pas possible de donner la nomenclature de ces dernières. Elles varient d'après chaque espèce. Tout ce que l'on peut dire, c'est qu'il est nécessaire de produire : 1° les actes de l'état civil propres à faire connaître la situation de famille du postulant; 2° les actes qui justifient de son intérêt à changer de nom; 3° les numéros des journaux dans lesquels, aux termes de l'article 9 de la loi du 8 janvier 1859, doivent être insérées les demandes dont s'agit.

(1) Circulaire du 25 septembre 1862; Dutruc, circulaires, p. 49.

(2) V., ci-dessus, p. 40, note 3.

RAPPORT

DIVISION
des
Affaires civiles et du sceau

2me BUREAU

Changement de Nom.

Monsieur le Garde des Sceaux,

J'ai l'honneur d'adresser à Votre Excellence, avec les pièces à l'appui, une requête par laquelle le sieur D . . . . ., demeurant à . . . . ., arrondissement de . . . . ., demande que son fils mineur, Marie-Jules-Léon, soit autorisé à substituer à son nom celui de A . . . . ., nom de son grand-oncle maternel.

Marie-Jules-Léon pour lequel on sollicite cette faveur, est le fils cadet du sieur D . . . . ; il est né à R . . . . ., le 4 novembre 1853, du légitime mariage de ce dernier et de Victoire-Elisabeth A . . . . . La famille de cette dame, la famille A . . . ., est aujourd'hui presque éteinte; il n'en reste plus qu'un représentant M. Louis-Ursin A . . . . ., oncle de Mme D . . . . ., grand-oncle de Marie-Jules-Léon, et il désire vivement que son petit-neveu porte exclusivement son nom qui s'éteindrait après lui.

Le sieur Louis-Ursin A . . . . ., après avoir fait une fortune considérable dans l'île de C . . . . ., est rentré en France et est venu, en 1860, s'établir dans la terre de . . . . ., dont il a fait l'acquisition : il vit là entouré de la famille de sa nièce qu'il a adoptée comme la sienne. Il a, en effet, doté de deux cent mille francs sa petite nièce, la dame X . . . . ., et il a, paraît-il, l'intention de donner la terre du . . . . . à son petit-neveu, s'il peut lui transférer son nom.

Les raisons invoquées en faveur du changement de nom réclamé sont les suivantes : Le sieur A . . . . ., dit le requérant, fait beaucoup de bien autour de lui, il encourage l'instruction des classes laborieuses et cherche à donner à l'agriculture une impulsion salutaire; bon, humain, maître d'une grande fortune, il est réellement la providence du pays. Une pareille situation n'explique-t-elle pas le désir du sieur A . . . . ., de transmettre après lui son nom avec sa terre? N'y a-t-il pas comme un intérêt public à ce que le futur propriétaire de . . . . . porte un nom digne et vénéré dans le pays, et soit encouragé ainsi à continuer les traditions de son oncle.

J'ai vérifié l'exactitude des allégations du requérant. Il résulte des renseignements qui m'ont été transmis que le sieur A . . . . est en effet bon, généreux, qu'il fait de nombreuses et abondantes distributions de pain et d'argent aux familles nécessiteuses de son entourage.

Il paraît s'être appliqué particulièrement à améliorer le sort des classes laborieuses; tous les ouvriers sans travail, non-seulement de la commune de . . . . ., mais des communes voisines, sont occupés à la terre de . . . . ; il a fait construire des logements d'ouvriers confortables et salubres qu'il loue à un prix très-modéré; enfin il a créé à . . . . . une pharmacie et un service médical gratuit.

C'est donc avec autant d'intelligence que de générosité que le sieur A . . . . . travaille à améliorer le sort des populations qui l'entourent. De pareils efforts méritent assurément d'être encouragés et l'obtention de la faveur réclamée au profit du jeune Léon D . . . . . en serait la juste récompense.

Les renseignements que j'ai recueillis sur la famille D . . . . sont également des plus favorables. Le requérant lui même a habité . . . . . jusqu'en 1861, et il y a exercé pendant vingt-neuf ans les fonctions d'archiviste de l'état-civil et de caissier de la caisse d'épargne : il a laissé dans cette ville la meilleure réputation.

Les publications prescrites par le décret du 8 janvier 1859 ont été faites dans le *Moniteur universel*, dans . . . . . et dans . . . . ., ainsi qu'il appert des exemplaires joints au dossier.

Les pièces sont complètes et régulières et rien ne me paraît s'opposer à ce qu'il soit favorablement répondu à la requête du sieur D . . . . . . (1).

Je suis avec un profond respect, etc.

(1) V. l. du 11 germinal an XI, t. 2; Gillet, circulaires, p. 173, 218, 306.

Page 41, Inventaire.

Les pièces relevées dans cet inventaire sont celles d'un dossier de dispenses d'alliance entre beau-frère et belle-sœur.

Page 58, casier judiciaire.

Les bulletins N° 1, concernant des individus d'origine inconnue ou d'origine étrangère, sont transmis à la Chancellerie où leur réunion compose le *casier central*, et par conséquent c'est à la Chancellerie (direction des affaires criminelles, 3ᵉ bureau) qu'il faut demander les bulletins N° 2, concernant les individus de ces deux catégories.

Page 60, ligne 11.

L'état de situation de la maison d'arrêt doit être certifié exact par le Procureur impérial.

Page 61, états mensuels.

Aux états mensuels adressés au Procureur général, il convient d'en ajouter un 12ᵐᵉ que l'on envoie dans le ressort de Bourges, c'est celui des affaires jugées, pendant le mois, par le tribunal de police correctionnelle, en exécution de la loi du 20 mai 1863 sur les flagrants délits.

Page 63, ligne 9.

C'est dans les derniers jours de *mars* et non d'avril que doit être envoyé au Procureur général le premier rapport de l'année sur la situation de l'arrondissement.

Page 83, ligne 1ʳᵉ.

Les huissiers rédigent souvent l'original de la signification d'un jugement par défaut à la suite de l'expédition. C'est là une pratique vicieuse. Comme l'expédition ne reste pas au dossier, il faut, pour que l'on conserve au Greffe la preuve de la signification, que cette dernière soit rédigée séparément et que l'original en soit annexé aux autres pièces de la procédure.

Page 88, ligne 11.

Après ces mots *tant de la personne placée*, il faut, pour que la phrase soit compréhensible, ajouter ceux-ci : *dans une maison d'aliénés.*

Page 90, lignes 1 et 2.

Ces deux lignes doivent être ainsi rétablies :

Il (le greffier) les remettra à la partie appelante *qui les a payées*, sauf le droit du Procureur général, *si elle ne saisit pas la juridiction supérieure*, de suivre lui-même et de se faire adresser, etc.

Page 98, inventaire.

Aux termes des articles 204 et suivants du code d'instruction criminelle, une requête, adressée à la chambre des appels de police correctionnelle de la Cour et contenant les moyens d'appel, *pourra* être déposée au greffe du tribunal qui a rendu le jugement. Cette requête, *facultative* pour les parties, est obligatoire pour le Procureur impérial lorsqu'il interjette appel, et doit, par conséquent, être mise au dossier et comprise en l'inventaire.

DOSSIERS D'ASSISES

Nous n'avons rien dit des dossiers destinés à la chambre des mises en accusation, nous réservant de reproduire ici, sur leur composition, une circulaire de 1850 adressée à ses substituts par M. le Premier Président Corbin, alors Procureur général.

L'examen des dossiers criminels qui me sont transmis pour être soumis à la chambre d'accusation me suggère plusieurs observations. Je crois utile de vous les communiquer, bien que quelques-unes d'entr'elles, je le sais, soient superflues pour certains parquets.

1° Je recommande à vos soins ou à votre surveillance la rédaction du réquisitoire définitif; net dans la forme et correct dans l'expression, il doit résumer, *sans prolixité mais sans trop dédaigner les détails*, l'instruction dans tous ses éléments.

J'appelle tout spécialement votre attention sur la qualification des faits incriminés, c'est le point capital et il serait à désirer, quand l'affaire n'a point changé de face, que la question posée en définitive aux jurés pût n'être que la reproduction littérale des énonciations du réquisitoire de compétence adoptées successivement par les réquisitions du Procureur général, la chambre d'accusation et par le Président des assises (1):

2° Vous voudrez bien prendre soin d'indiquer fort exactement *à la marge du réquisitoire*, par son numéro dans l'ordre des pièces, chacune des dépositions auxquelles se réfère votre exposé;

3° Pour prévenir toute confusion et faciliter l'étude des dossiers autant que pour simplifier le débat devant la cour d'assises, il est indispensable que chaque déposition soit reçue sur *feuille séparée* qui recevra son numéro d'ordre dans la cote des pièces.

Sur vos observations le greffier se conformera sans peine à cette exigence, mais je vous prie de donner à ce sujet les instructions les plus précises à ceux de messieurs les Juges de paix qui suivraient des errements contraires;

4° Je désirerais aussi que dans l'inventaire qu'il dresse, et à côté du numéro qu'il inscrit pour chaque déposition, le greffier ajoutât le nom du témoin;

(1) V. l. du 17 juillet 1856. Les pouvoirs de la chambre du conseil appartiennent aujourd'hui au juge d'instruction.

5° La liste des témoins sera toujours jointe, et en deux colonnes : 1° témoins nécessaires; 2° autres témoins;

6° Les pièces de forme seront classées à part;

7° Vous aurez soin de joindre à chaque dossier la notice de
renseignements aussi exacte que possible;

8° Il sera bon de rectifier (et souvent il y a lieu) sur la couverture du dossier la qualification *sommaire* qui s'y inscrit au début
de l'instruction et qui, au jour du réquisitoire, ne serait plus
exacte.

Enfin je vous saurai gré de mentionner sur la couverture (je
ferai dresser ultérieurement un modèle uniforme pour le ressort) :

1° La date de la plainte si plainte a été rendue;

2° La date de vos premières réquisitions;

3° La date et la nature du mandat décerné;

4° La date de votre réquisitoire définitif;

5° La date de l'ordonnance de la chambre du Conseil;

6° La date de l'envoi au Parquet de la Cour.

Page 100, recours en grâce.

RAPPORT

Monsieur le Procureur général,

J'ai l'honneur de vous adresser les renseignements que vous
m'avez demandés concernant le nommé Pierre-Auguste, qui a
adressé un recours en grâce à Sa Majesté.

Le 22 mai 1867, époque où la pêche était interdite, un procès-
verbal fut dressé par le garde pêche de . . . . . , contre Pierre-
Auguste et son domestique, qui avaient, à plusieurs reprises,
jeté dans le . . . un filet appelé goujonnier. A la suite de ce
procès-verbal les deux délinquants furent cités devant le tribunal correctionnel qui, par jugement contradictoire et passé en
force de chose jugée, du 2 juillet 1866, les condamna, conjointe-
ment et solidairement, à 6 francs d'amende, chacun, et aux dépens, pour délit de pêche en temps et à l'aide d'un engin prohibés,

par application des art. 27, 28, 41 et 72 de la loi du 15 avril 1829. En vertu de l'art. 74 de la même loi, Pierre-Auguste fut déclaré civilement responsable des condamnations prononcées contre son domestique.

Pierre-Auguste est né à . . . ., dans cet arrondissement, le 24 janvier 1837. Il est marié et père de trois enfants. Il exerce la profession d'aubergiste à . . . . ., et se trouve dans une position de fortune relativement aisée. Sa conduite a toujours été bonne et depuis sa condamnation on n'a rien eu à lui reprocher. Il avait été précédemment condamné, le 17 avril 1860, par le tribunal de . . . . ., à 50 francs d'amende, pour mise en vente de gibier en temps où la chasse est prohibée; mais à la suite d'un recours en grâce formé par lui, Sa Majesté l'Empereur a daigné réduire l'amende à 25 francs. La condamnation prononcée le 2 juillet dernier et à l'occasion de laquelle Pierre-Auguste a formé un nouveau recours en grâce a pour lui des conséquences pécuniaires bien moins graves, puisque le total des amendes prononcées tant contre lui que contre son domestique ne s'élève qu'à 12 francs.

J'estime, en conséquence, que Pierre-Auguste est dans une situation qui lui permet de payer son amende et qu'il n'y a dans les circonstances de l'affaire aucune raison de l'en dispenser.

Ci-jointe la lettre de M. le Directeur de l'enregistrement constatant sa situation vis à-vis du trésor.

J'ai l'honneur d'être avec respect,

Monsieur le Procureur général,

votre très-humble et obéissant serviteur.

Le Procureur impérial,

Page 109, note.

A. — La circulaire du 6 décembre 1840, § 2, prescrit au ministère public d'envoyer au ministre de l'intérieur le signalement des individus poursuivis ou condamnés qui ont pris la fuite. Ce renseignement est inséré dans une feuille, dite feuille de SIGNALEMENTS que le Parquet reçoit périodiquement du ministère de l'intérieur.

B. — La loi du 3 juillet 1852 sur la réhabilitation, s'applique aux condamnés militaires comme aux condamnés civils qui ont subi leur peine ou auxquels remise partielle en a été faite (1). Une circulaire du 17 mars 1853, donne l'énumération des pièces à produire tant par le ministère public que par l'impétrant. Nous nous bornerons, en cette matière, à reproduire un rapport et un inventaire qui faisaient partie d'un dossier, renvoyant, pour plus amples renseignements, au traité (2) de M. Th. Billecocq, chef de division au ministère de la justice.

Dans ce traité, auquel l'auteur donne le sous-titre modeste de Commentaire pratique des lois des 8 juillet 1852 et 19 mars 1851, M. Billecocq retrace l'histoire de la réhabilitation, en étudie la nature et l'objet, en fait connaître les conditions générales et spéciales, les formes et les effets légaux. Ce traité, ainsi que celui de M. Greffier sur les *Cessions d'office*, devrait se trouver dans la bibliothèque de tous les Parquets.

Monsieur le Procureur général,

J'ai l'honneur de vous adresser, avec les pièces exigées par les articles 620 et suivants du Code d'instruction criminelle, une demande en réhabilitation fournie par le sieur François, ouvrier

(1) V. Dutruc, *Journal du Ministère public*, t. VII, p. 130. Le 30 novembre 1862, des lettres de réhabilitation ont été accordées, par S. M. l'Empereur, à un militaire qui avait été condamné à cinq ans de réclusion, pour vol qualifié.

Quelques jours après, ces lettres ont été dûment entérinées, en audience publique, par la Cour impériale de. . . .

Le Procureur impérial, averti par le Procureur général, informa l'impétrant de la réception desdites lettres, et prit les mesures nécessaires pour que mention de la réhabilitation fût faite au casier judiciaire. (V., ci-dessus, p. 101.)

(2) *De la Réhabilitation en matière criminelle, correctionnelle et disciplinaire.*

charpentier à . . . . . . J'y joins, conformément à la circulaire ministérielle du 17 mars 1853, mon avis motivé sur cette affaire.

Le 22 novembre 1857, un procès-verbal fut dressé par les gendarmes N . . et S . . ., à la résidence de . ., contre le nommé François qui avait ramassé pour se l'approprier une certaine quantité de poisson sur les bords de l'étang du Jaboulet qu'on était alors occupé à pêcher. A la suite de ce procès-verbal François fut cité directement devant le tribunal correctionnel de . . . et condamné, par jugement contradictoire du 9 mars 1858, à la peine de trois jours d'emprisonnement, pour vol de poisson dans un étang, par application des articles 388 et 463 du Code pénal.

François a subi sa peine dans la maison d'arrêt de . . . . . du 9 mars 1858 au 12 du même mois. Il s'est bien conduit pendant sa détention. Depuis sa condamnation il a toujours habité à . ., chez son père, excepté du 20 avril 1862 jusqu'au 20 novembre 1863, temps qu'il a consacré à faire son tour de France (1). Vivant dans son pays, au milieu des siens, il est bien connu de tous et tous s'accordent à rendre de lui le témoignage le plus satisfaisant. — Au moment de sa condamnation, François, aujourd'hui marié et père de famille, était bien jeune, il n'avait que vingt-quatre ans; et le fait qui lui était reproché est un de ceux qui, dans les campagnes, sont le moins réprouvés même par les plus honnêtes gens.

Dans le canton de . . . . . particulièrement, par suite d'idées qui tiennent à d'anciens usages locaux, on considère volontiers que, lors de la pêche d'un étang, chacun dans le voisinage doit en avoir sa part. Ce préjugé absurde ne peut certainement pas justifier une action qui en définitive constitue un véritable vol, mais il explique pourquoi un jeune homme a pu s'y laisser en-

____

(1) Il est très-difficile pour le Parquet, souvent même impossible, de se procurer les attestations exigées par l'art. 624 pour un séjour remontant à une époque éloignée et d'une durée relativement courte dans une des localités qu'aurait habitées le postulant. « Cette impossibilité, dit M. Bellecocq, « n'est point de nature à entraver la marche de l'affaire, lorsqu'il y est en « partie suppléé par des équivalents et que la situation est, d'ailleurs, pleine- « ment favorable. »

traîner et comment le tribunal, appréciant ces circonstances, a fait à François une application minime de la pénalité édictée par la loi.

A raison de ces circonstances, à raison de la conduite excellente tenue par le postulant depuis plus de neuf années, à raison des bons sentiments qu'il manifeste, j'estime qu'il y a lieu d'accueillir favorablement sa demande et, qu'en lui rendant l'exercice des droits dont sa condamnation l'a privé, on n'a pas à redouter qu'il en fasse un mauvais usage.

> J'ai l'honneur d'être avec respect,
> Monsieur le Procureur général,
> Votre très-humble et obéissant serviteur,

Le Procureur impérial,

INVENTAIRE.

1° Demande de réhabilitation du sieur François.
2° Quittance des frais de justice.
3° Acte constatant que la partie lésée a été désintéressée.
4° Attestation du Conseil municipal de . . . . .
5° Avis particulier du Maire de la même commune.
6° Avis du Juge de paix du canton de . . . . .
7° Avis du Sous-Préfet de l'arrondissement de . . . . .
8° Expédition du jugement de condamnation.
9° Extrait du registre de la maison d'arrêt de . . . . .
10° Avis motivé du Procureur impérial.
11° Acte de naissance du condamné.
12° Extrait du casier.
13° Le présent inventaire.

Arrêté au Parquet de . . . . , le . . . .

Page 114, note 1.

On ne doit pas stipuler que le prix ne sera payé qu'en monnaies au *cours actuel*. Un débiteur peut toujours se libérer en monnaies ayant *cours légal* au moment de l'échéance de sa dette, et, dans tous les cas, un Gouvernement ne peut pas sanctionner un traité qui ferait, entre les parties, obstacle à l'exécution d'une mesure que, dans l'intérêt général, il croirait devoir prendre ultérieurement.

Page 126, note.

A. — Lorsque le décret de nomination est parvenu au Parquet, on en accuse réception au Procureur général, et on invite le nouveau titulaire à venir prêter serment; ce qu'il ne peut faire toutefois qu'après avoir justifié au Procureur impérial du versement de son cautionnement à la recette particulière. (V., ci-dessus, p. 116, let. C et note). S'il s'agit d'un Greffier de justice de paix, on envoie l'ampliation du décret de nomination au juge de paix qui, après le versement du cautionnement et la prestation de serment de son greffier, le retourne au Parquet en y joignant le procès-verbal de cette prestation de serment.

B. — Les Greffiers des justices de paix peuvent avoir des Commis-greffiers (loi du 28 floréal, an X, art. 4) (1).

Page 127, ligne 14.

A. — Après ces mots : *aucune réduction ne me paraît devoir être opérée sur le prix de la cession,* il faut ajouter : *de la sincérité duquel je me suis assuré.*

Le moyen de s'assurer de la sincérité de ce prix est laissé à l'appréciation du Procureur impérial. Ce magistrat ne peut, en général, s'en rapporter qu'à l'affirmation des parties.

B. — Aux termes des articles 1 et 2 du décret du 24

(1) V. Dalruc, *Journal du Ministère public,* t. VIII, p. 103.

mars 1809, les Commissaires-priseurs et les Huissiers qui réclament le remboursement de leur cautionnement, doivent produire, indépendamment des pièces exigées d'eux comme des autres officiers publics par la loi du 25 nivôse an XIII et le décret du 18 septembre 1806, un certificat de *quitus* du produit des ventes dont ils ont été chargés. Ce certificat leur est délivré par leur chambre, et est visé par le Président ou le Procureur impérial du tribunal. Mais à l'égard des Commissaires-Priseurs qui ne dépendent d'aucune chambre de discipline, il leur est délivré, dit l'art. 1 de l'ordonnance du 0 janvier 1818, par le Procureur impérial de leur ressort, sur le vu des quittances du produit des ventes ou du récépissé de la consignation des fonds restés en leurs mains. Le certificat énonce que le Commissaire-priseur ne dépend d'aucune chambre de discipline et il est visé par le Président du tribunal.

CERTIFICAT DE QUITUS

Le Procureur impérial près le tribunal de première instance de . . . .

Vu le décret du 24 mars 1809 et l'ordonnance royale du 9 janvier 1818.

Certifie, sur les justifications qui lui en ont été fournies, que M. D . . . . . , ex-commmissaire-priseur à la résidence de . . ., s'est libéré et a rendu compte aux ayants-droit du produit de toutes ventes mobilières effectuées par son ministère, comme commissaire-priseur, depuis le 28 octobre 1862, jour de son entrée en exercice, jusqu'au 19 février 1867, jour de la cessation de ses fonctions.

Il certifie en outre que le sieur D . . . . . ne dépend d'aucune chambre de discipline.

Fait au Parquet à . . . . . le . . . . .

Le Procureur impérial,

Une ordonnance du 23 août 1821, art. 1, prévoyant le cas où les justifications exigées par le décret du 24 mars ne pourraient être fournies, permet de remplacer le véritable certificat de *quitus*, délivré par le Procureur impérial au Commissaire-priseur ne dépendant d'aucune chambre, par une pièce équivalente. Lorsqu'en effet des Commissaires-priseurs ont cessé leurs fonctions, et que les titulaires, leurs héritiers ou ayants-cause, sont dans l'impossibilité de représenter toutes les pièces comptables nécessaires pour obtenir le certificat de *quitus*, le Procureur impérial constate cette impossibilité et en déduit les motifs dans un avis donné sur la demande des titulaires, de leurs ayants-cause ou de leurs créanciers. Ce certificat, attestant en outre que le Commissaire-priseur a donné, à la cessation de ses fonctions, la publicité voulue par la loi du 25 nivôse et l'article 2 de l'ordonnance de 1821, tient lieu, dit l'article 3 de cette ordonnance, du certificat de *quitus*.

Page 128, note.

C'est à tort que les *Greffiers* sont compris dans cette note, le tribunal n'a aucune mesure disciplinaire à prendre à leur égard. Les Greffiers sont avertis ou réprimandés par les Présidents de leurs cours et tribunaux respectifs (loi du 20 avril 1810, art. 62), et ils sont révocables à la volonté du chef de l'État (loi du 17 ventôse an VIII, art. 92).

Page 132, note.

Dans le cas de décès du titulaire de l'office, il faut joindre au dossier :

1° Une copie de l'acte de décès.

2° Un extrait de l'intitulé d'inventaire ou, s'il n'y a
pas eu d'inventaire, un acte de notoriété, reçu par un
notaire, et faisant connaître les qualités des cédants.

Si l'un de ces derniers était mineur, son tuteur, après
s'être muni de l'autorisation du conseil de famille, trai-
terait pour lui, et s'il était émancipé il pourrait traiter
lui-même, mais avec l'assistance de son curateur et l'autorisation de son conseil de famille.

Ces formalités sont exigées par la Chancellerie pour
plus de garantie, mais dans aucun cas les délibérations
du conseil de famille ne devraient être présentées à l'homologation du tribunal. La raison en est fort simple.
Si la Chancellerie ne partageait pas en tous points l'avis
du tribunal, le jugement serait réformé autrement qu'en
appel. Ne pourrait-il pas arriver, en effet, que la Chancellerie blâmât et refusât de sanctionner ce que le tribunal aurait approuvé, ou approuvât une délibération que
le tribunal n'aurait pas voulu homologuer?

Aucun texte de loi, du reste, n'exige l'accomplissement
de cette formalité.

Dans une espèce récente, un mineur émancipé, assisté
de son curateur et autorisé par son conseil de famille,
a traité de l'office de son père sans qu'à la Chancellerie
on exigeât l'homologation de la délibération par laquelle
le conseil de famille avait autorisé la vente.

Page 145, note.

Dans le cadre VIII du compte, la colonne 12 est consacrée maintenant à faire connaître le nombre des appels formés, ce qui était naguère le rôle de la colonne 11,
mais pour que la statistique ne perde pas ses droits, une
seizième colonne a été ajoutée au tableau qui, précédemment, n'en contenait que quinze!.

Page 150, ligne 30.

La pratique seule peut rendre habile dans l'art de simplifier le compte. Ainsi elle apprend que pour dresser l'état D, 1re page, il faut considérer *comme affaires sur lesquelles le ministère public n'a pris aucune détermination,* celles dans lesquelles une citation directe a été donnée pour une audience postérieure au 31 décembre de l'année du compte. Une détermination a été réellement prise sur ces affaires, mais si on ne les fait pas figurer dans cette ligne, on ne pourra les faire entrer dans aucune autre sans être obligé d'expliquer pourquoi les concordances n'existent pas.

Quelque détaillé que soit le compte, il ne prévoit pas et ne peut pas tout prévoir. Dans l'état I, p. 2 et 3, il n'y a pas de colonne spéciale pour porter les individus arrêtés en flagrant délit et *conduits immédiatement à la barre,* mais dont l'affaire a été remise à une autre audience en vertu de l'article 5 de la loi du 20 mai 1863.

Page 163, notes.

Le Parquet, disons-nous dans cette note, taxe les frais occasionnés par la translation en voiture des inculpés (1) qui, non arrêtés en vertu d'un mandat délivré par le Juge d'instruction, sont amenés devant lui des brigades externes de l'arrondissement. Dans cette hypothèse, en effet, le voiturier est payé sur simple taxe faite par le Procureur impérial, à moins qu'il ne soit habituellement employé ou

(1) Dans la note dont s'agit nous avons employé à tort le mot *prévenu* au lieu de celui *d'inculpé.* Nous avons, page 97, indiqué la différence qui existe entre ces deux expressions que cependant on emploie souvent l'une pour l'autre dans la pratique.

qu'il n'y ait dans le département de préposé aux convois qui centralise en ses mains toutes les réquisitions de fournitures, auxquels cas les frais devraient être ultérieurement taxés comme le sont les frais non urgents. Le prix de transport est réglé selon l'usage, lorsqu'il n'a pas été arrêté à l'avance par le magistrat qui a requis la translation de l'inculpé devant le Procureur impérial.

Dans les autres hypothèses le Parquet ne taxe pas lui-même les frais de translation, il ne doit intervenir que pour requérir la taxe des frais non urgents, et spécialement les indemnités dues aux gendarmes d'escorte dans le cas de conduite *extraordinaire* de prévenus ou accusés.

Cette indemnité est réglée par les articles 314 et suivants du décret du 18 février 1863, si les gendarmes sortent de leur département, et par les articles 323 et suivants s'ils n'en sortent pas. Lorsque les réquisitions (1) émanent des magistrats de l'ordre judiciaire,

(1) Les réquisitions afin de translation ne présentent aucune difficulté. Nous dirons seulement que les transferements extraordinaires doivent, autant que possible, être effectués par les voies de fer et que, dans ce cas, il faut remettre aux gendarmes d'escorte deux réquisitoires, l'un pour le chef de gare, l'autre pour eux.

D'après un tableau envoyé dans le mois de janvier 1868, par M. le Ministre de l'intérieur aux Préfets, les individus dont le transport est à la charge du budget du ministère de la justice sont :

1° Les prévenus ou accusés;

2° Condamnés par contumace;

3° Condamnés par défaut, qui sont dans les délais légaux pour former opposition;

4° Extradés (circ. du 18 novembre 1861);

5° Condamnés allant en appel (même circulaire

6° Individus, condamnés ou non, allant en témoignage ou en instruction;

7° Condamnés dont l'identité n'est pas constatée également et doit donelle est payée directement aux ayants-droit, par les Receveurs de l'enregistrement, sur des mémoires revêtus du réquisitoire du Procureur Impérial et de l'exécutoire du Président du tribunal (1).

Page 170, lignes 10 et suivantes.

De ce qu'il n'y a pas lieu de signifier les jugements contradictoires de simple police ne condamnant pas à *l'emprisonnement* ou à une peine pécuniaire *excédant* cinq francs, il suit que le greffier ne doit pas délivrer expédition de ces jugements.

Une règle analogue est applicable aux mémoires du Greffier du tribunal de police correctionnelle. Ce greffier ne devant délivrer expédition que des jugements par défaut ou des jugements contradictoires frappés d'appel, ses états doivent contenir les renseignements nécessaires à la justification des expéditions qu'il réclame.

Page 172.

A la page 172, ligne 21, une omission s'est glissée en ce qui concerne les droits de transport à réclamer par les huissiers pour les actes par eux posés en matière ci-

ner lieu à la procédure spéciale prévue par les articles 518 et suivants du code d'instruction criminelle (circ. du 1er Juin 1864).

Il est à remarquer que, dans le tableau dont s'agit, est indiqué comme étant à la charge du budget du ministère des finances (direction des domaines et de l'enregistrement), le transport des individus incarcérés pour recouvrement d'amendes prononcées en matière de délits forestiers, de pêche, de chasse, etc., ou qui ont à subir la contrainte par corps, faute d'avoir acquitté des frais de justice (lettre du ministre des finances du 30 juillet 1864).

(1) Pour faciliter le service, on a donné à la gendarmerie deux modèles de mémoire, l'un sur papier *blanc* pour les conduites extraordinaires au-dehors du département, et l'autre sur papier *bleu* pour les conduites dans la circonscription du département.

vile. Il est vrai que cette omission trouve son correctif naturel dans l'arrêt de la cour de cassation cité par voie d'annotation au bas de la même page, mais elle n'en existe pas moins dans le texte et doit être réparée. Voici la phrase incomplète :

« Il suit de là que cet officier ministériel *ne peut réclamer* plusieurs droits de transport pour plusieurs actes posés le même jour dans la même commune, *mais qu'il peut les réclamer.* »

Il y a là une contradiction évidente. Pour la faire cesser il suffit d'ajouter, après ces mots : *mais qu'il peut les réclamer,* ceux-ci : *pour les actes posés par lui dans des communes différentes pour des parties et des affaires distinctes.*

Page 185, note.

La doctrine adoptée par le tribunal de Saint-Amand est aujourd'hui d'autant plus vraie que la contrainte par corps en matière civile n'existant plus, les lois qui la régissaient sont tombées avec elle, et on ne peut les faire revivre pour interpréter la loi nouvelle ; cependant je crois que si le débiteur requérait qu'il en fût référé (art. 786, c. de proc. civ.), il faudrait le conduire devant le Président du tribunal.

Page 107, ligne 10.

Lorsque le proviseur a reçu l'expédition du jugement, il prend les mesures propres à assurer le paiement de la créance du lycée. Ainsi, dans l'espèce qui a servi à la rédaction de ces observations, le proviseur a pris une inscription sur les biens du débiteur. Cette inscription a été rédigée sur papier timbré, et les droits on ont été payés comptant par un avoué qui l'a remise au conservateur. Mais l'élection de domicile voulue par la loi (art. 2148, C. N.), a été faite au Parquet du Procureur impérial. Lorsqu'en effet une distribution par voie d'ordre a lieu entre les créanciers, c'est à ce magistrat que l'on adresse, pour qu'il les fasse parvenir au proviseur, les convocations à l'effet de comparaître à la tentative d'ordre amiable, et les autres actes dont la signification doit avoir lieu au cours de cette procédure.

Dans la même espèce, l'huissier a été payé du coût de ses exploits en les comprenant sur ses mémoires de frais en matière criminelle.

FIN DE L'APPENDICE

TABLE

DES CHAPITRES

INTRODUCTION

CHAPITRE I

Des Juges de paix.

CHAPITRE II

Actes de l'Etat Civil.

CHAPITRE III

Correspondance.

CHAPITRE IV

Dispenses pour Mariages.

Pages.

CHAPITRE XXIV

Affaires civiles.

FIN DE LA TABLE

TABLE ALPHABÉTIQUE

NOTA. — Les chiffres romains indiquent l'introduction.

ERRATA

CORRECTIONS ET ADDITIONS

—

Page X, note, ligne dernière.

Lisez : 1057, *au lieu de* : 1054.

Page XXX, ligne dernière.

Lisez : 30 mars 1808, *au lieu de* : 30 mai.

Page 27, ligne 10.

Lisez : (art. 8, titre 2), *au lieu de* : (art. 71).

Page 48, ligne 24.

Lisez : diverses, *au lieu de* : divers.

Page 48, ligne 32.

Lisez : les parties et les témoins, *au lieu de* : les parties et autres témoins.

Page 86, inventaire.

Au dossier concernant une demande faite par un notaire à l'effet d'obtenir l'honorariat, le Parquet doit ajouter un bulletin N° 2.

Page 100, ligne 19.

A cette ligne : 6° si l'arrêt ou le jugement est devenu définitif; *ajoutez* : dans le contraire, il n'y a pas lieu évidemment à se pourvoir en grâce, il faut se pourvoir contre l'arrêt ou le jugement par les voies ordinaires. Si la condamnation est prescrite, il n'y a pas lieu non plus à se pourvoir en grâce; la condamnation étant inexécutable.

Page 113, ligne 1.

Lisez : il faut se borner aux clauses relatives à la cession... *au lieu de* : Il faut se borner à la cession.

Page 128, note, 7me ligne.

Lisez : art. 53 de la loi du 25 ventôse, *au lieu de* : art. 103...

Page 159, état des récidives.

Une grande simplification, et, par conséquent, une grande amélioration, a été apportée à l'état des récidives par la lettre de S. Exc. M. le Garde des sceaux en date du 8 décembre 1868 (envoi des cadres). Dorénavant on ne doit, dans les colonnes 7 et 8, indiquer le lieu de la détention et l'époque de la libération que pour les peines des travaux forcés, de la réclusion et de l'emprisonnement à plus d'un an dont les condamnés auraient, comme par le passé, été libérés dans les cinq dernières années.

Page 200, dernière ligne.

Quelques maires ne se donnent même pas la peine d'envoyer leurs listes.

Page 209, ligne 4 et 5.

Lisez : condamnés civils qui ont subi leur peine ou auxquels remise totale ou partielle en a été faite, *au lieu de* : condamnés.... auxquels remise partielle en a été faite (art. 619, C. Inst. crim.).

Un condamné qui aurait prescrit sa peine, ne serait pas recevable à demander sa réhabilitation (art. 610, C. Inst. crim.). Cependant s'il s'agissait d'une condamnation pécuniaire, le condamné pourrait encore être réhabilité même après les délais de la prescription, s'il versait volontairement dans les caisses du Trésor le montant des condamnations prononcé contre lui.

Page 209, note 1.

Les lettres de réhabilitation sont déposées au greffe de la Cour et une expédition en est délivrée gratuitement à l'impétrant s'il le demande.

Page 215, ligne 25.

A ces mots : dans une espèce récente, un mineur émancipé, etc.... *ajoutez* : plus récemment encore, la veuve d'un notaire, tutrice de ses enfants mineurs, a cédé l'office dont son mari était titulaire, et la Chancellerie n'a point exigé que la délibération du conseil de famille autorisant la vente fut homologuée par le tribunal.

Dans cette espèce le conseil de famille avait autorisé la vente moyennant une somme de 108,000 fr. La Chancellerie informa les parties contractantes qu'elle ne *donnerait suite au traité* que si le prix de cession était réduit de 8,000 fr., ce qui fut accepté. Quelle eut été, en cette circonstance, le sort d'un jugement si le tribunal eut homologué la délibération du conseil de famille!...

Page 216.

On pourrait multiplier les exemples pour démontrer que, quelques nombreuses que soient les exigences du compte, il y a encore tant de lacunes qu'il vaudrait mieux s'en tenir aux renseignements utiles que de descendre dans des détails d'une exactitude impossible, si l'on veut faire concorder le compte sans le surcharger d'observations. Ainsi il n'y a pas de colonne pour les affaires réglées par des ordonnances de renvoi en police correctionnelle et non encore jugées avant le 31 décembre. Pour se tirer d'embarras il faut ne provoquer ces ordonnances qu'après le 31 décembre.

Ainsi encore, dans le cadre des non-lieu, il n'y a pas de colonne pour les ordonnances rendues après le décès d'un inculpé. Il faut pourtant s'arranger de façon que cette ordonnance figure dans l'une des colonnes.

Page 217, note, 1er alinéa.

Lorsque dans le trajet à parcourir, l'escorte doit changer de chemin de fer et passer par exemple de la ligne d'Orléans sur celle de Lyon, les gendarmes demandent au Parquet un réquisitoire en double expédition pour le chef de gare du lieu de départ et un autre pour le chef de gare du lieu d'embranchement.

Il est d'usage de leur délivrer ces divers réquisitoires. On pourrait répondre que le Parquet ne peut adresser de réquisitions que pour les chefs de gare de son arrondissement, mais comme tout les chefs de gare se conforment aux réquisitoires qu'ils reçoivent, il n'y a pas lieu pour le Parquet de refuser ceux qu'on leur demande. En cela, d'ailleurs, on suit les errements des Préfets, Sous-Préfets et Intendants militaires.

Page 194.

INVENTAIRE DES PIÈCES D'UN DOSSIER DE CONFLIT

Transmis à la Chancellerie.

1. Mémoire présenté par le sieur X.
2. Délibération du Conseil municipal de la commune de. . .
3. Arrêté autorisant la commune de . . . . à défendre à la demande du sieur X.
4. Citation.
5. Conclusions pour le sieur X.
6. Conclusions d'incompétence pour la commune de . . . .
7. Jugement sur la question de compétence.
8. Lettre du Ministre de l'intérieur au Préfet de . . . .
9. Déclinatoire proposé par le Préfet.
10. Conclusions du Ministère public.
11. Jugement rendu sur le déclinatoire.
12. Lettre du Sous-Préfet de . . . . au Préfet de . . . .
13. Arrêté de conflit.
14. Jugement ordonnant le sursis à toute procédure.
15. Observations dans l'intérêt du sieur X.
16. Observations du Procureur impérial.
17. Extrait du registre de mouvement.

FIN DE L'OUVRAGE.

St-Amand. — Imp. de Destenay.

PAR LE MÊME AUTEUR :

DES PRINCIPAUX MAGISTRATS DU PARQUET

AUX PARLEMENTS

L'histoire de l'ancienne magistrature n'est pas sans intérêt même pour les officiers ministériels. Car, pour la justice comme pour l'histoire, il y a toujours grand profit à savoir la vérité. Le Parquet a aussi ses maîtres, parmi lesquels on trouve des modèles, sous le triple rapport de l'esprit et de l'art oratoire, de l'austérité des mœurs et de la noblesse du caractère. L'étude qu'a faite M. LEBON des principaux magistrats du Parquet aux Parlements est pleine de documents intéressants et offre un sujet de lecture aussi fructueuse qu'attrayante. L'auteur y a retracé non-seulement la vie judiciaire, mais aussi quelquefois le rôle politique des magistrats les plus éminents du Parquet au Parlement de Paris et aux Parlements de province. Cette étude atteste, de la part de l'auteur, de longues recherches, une élévation de vues et une variété de connaissances qui jettent un très-vif éclat sur les magistrats du Parquet près nos anciens Parlements. Le passé a ses grandeurs, ses charmes et ses enseignements; il ne faut pas les oublier. M. LEBON a eu raison de les faire revivre; on ne saurait donc trop lui en savoir gré. *(Journal des Avoués.)*

L'histoire des *Principaux Magistrats du Parquet aux Parlements* nous donne le tableau des grandes figures de nos Parlements. Il y a, dans ce champ beaucoup à moissonner, et M. LEBON n'a certainement pas la prétention d'avoir cueilli toutes les gerbes. Tel qu'il est, son livre est intéressant et instructif à lire; c'est la récréation d'un esprit sérieux qui trouve qu'il y a beaucoup à gagner dans ces retours vers le passé. *(Bulletin judiciaire d'Aix.)*

M. LEBON a esquissé à grands traits la vie et les œuvres des magistrats les plus éminents que leur mérite fit choisir pour être l'organe de la société auprès des tribunaux, antérieurement à notre organisation judiciaire actuelle. Cette publication a tout le mérite d'une étude sérieuse et offre un grand intérêt à tous les hommes qui s'occupent du droit et des origines judiciaires. *(Revue du Notariat et de l'enregistrement.)*

Saint-Amand, rue Lafayette, 70. — Imprimerie et Lithographie de DESTENAY.

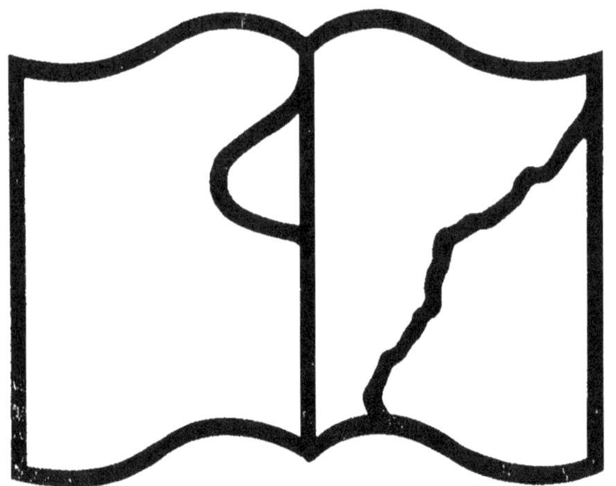

Texte détérioré — reliure défectueuse

NF Z 43-120-11

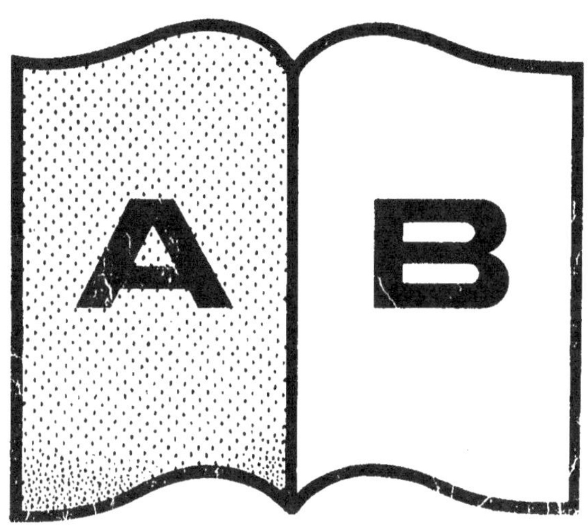

Contraste insuffisant

NF Z 43-120-14

www.ingramcontent.com/pod-product-compliance
Lightning Source LLC
LaVergne TN
LVHW021945030726
842523LV00001B/286